Lilo Schwarz

Das große Tarot-Praxisbuch

Tarot entdecken • Mit Tarot mehr erleben

Lilo Schwarz

Das große Tarot-Praxisbuch

**Tarot entdecken
Mit Tarot mehr erleben**

KÖNIGSFURT URANIA

Die in diesem Buch enthaltenen Informationen und Ratschläge wurden von der Autorin sorgfältig recherchiert und geprüft. Eine Garantie kann dennoch nicht übernommen werden. Die Informationen und Ratschläge sind außerdem nicht dazu gedacht, die Beratung durch einen Arzt oder Therapeuten zu ersetzen, sofern eine solche angezeigt ist. Eine Haftung der Autorin oder des Verlags ist ausgeschlossen.

Überarbeitete und leicht gekürzte Neuausgabe des Titels
»Im Dialog mit den Bildern des Tarot« von Lilo Schwarz.

Bibliographische Information der Deutschen Nationalbibliothek
Die Deutsche Nationalbibliothek verzeichnet diese Publikation in der Deutschen Nationalbibliographie; detaillierte bibliographische Daten sind im Internet über http://dnb.d-nb.de abrufbar.

Überarbeitete und leicht gekürzte Neuausgabe
7. Auflage 2025

Königsfurt-Urania Verlag GmbH, Ringstr. 32, D-24103 Kiel
www.koenigsfurt-urania.com • www.tarot-online.com
info@koenigsfurt-urania.com

Umschlaggestaltung: Jessica Quistorff, Rendsburg, unter Verwendung des Tarot von Waite & Smith, © Königsfurt-Urania Verlag, sowie des Motivs von Fotolia.com: »Tarot cards Tarot« © volkovslava
Kartenabbildungen: Tarot von Waite & Smith, © Königsfurt-Urania Verlag
Produktentwicklung: Silvia Bachmann
Satz und Layout: Antje Betken
Druck und Bindung: Finidr s.r.o., Tschechische Republik
Printed in EU

ISBN 978-3-86826-550-7

FSC
www.fsc.org
MIX
Papier aus verantwortungsvollen Quellen
FSC® C014138

Inhalt

Einsteigen bitte …

Vorwort oder *Über die Paradoxie, Bilder durch Geschriebenes zu erfassen*

Ich bin in einem Kunstmuseum. An den Wänden hängen wundervolle Bilder, alle in angemessenem Abstand zueinander, damit die Betrachtenden sie beim Rundgang einzeln wahrnehmen können. Ich entdecke ein besonders anziehendes Bild, eile nach vorn um den Titel zu lesen, gehe wieder zurück an meinen ursprünglichen Platz, schaue und staune, nicke oder schüttle den Kopf. »Stimmt!« oder »Stimmt nicht!«; alle Wahrnehmungsfenster meiner fünf Sinne sind durch die einschränkende Wirkung des Titels sofort beeinflusst. Mein eigener, unmittelbarer, ganz persönlicher Zugang zum Bild ist mir erschwert, im schlimmsten Fall sogar verbaut.

Dasselbe passiert bei den Bildern des Tarot, und viele Menschen entwickeln das Gefühl, sie seien zu wenig kreativ, um die Bildsprache der Symbolik zu erfassen. Sie lesen Bücher über Bücher, hören sich gute Vorträge an und staunen, wie viel andere Menschen darüber wissen. So bestätigen sie sich ihren scheinbaren Mangel an Kreativität immer wieder selbst. Immer weniger finden sie den Mut zu eigenen Assoziationen und Interpretationen, immer mehr verlassen sie sich auf Vorgegebenes.

Meine Methode, Tarot zu lehren, darf sich also nicht darauf beschränken, das Wissen zu mehren, sondern sie muss die Menschen in Beziehung zu den Kartenbildern bringen, in Berührung mit den eigenen inneren Assoziationen. Nur so entsteht ein Dialog mit den Bildern.

Die erste Gebrauchsanweisung für den Umgang mit Tarot würde ich deshalb so beschreiben: »Entweder lesen oder schauen!« Falls der Verstand sich dem nicht unterordnen will, dann gilt der Satz: »Zuerst schauen und dann lesen!«

Wenn ich lese, erweitere ich mein Wissen und bin damit in Distanz zur Berührung mit dem Bild. Wenn ich verweilend schaue, lasse ich mich berühren und finde meine inneren Antworten selber.

Ihre Lilo Schwarz
Herbst 2017

Einleitung oder *worum es mir geht*

Mit diesem Buch möchte ich Menschen ansprechen, die sich nicht zuerst durch einen Dschungel von Symbolen und Mythen kämpfen wollen, um Rückschlüsse auf ihre eigene Situation ziehen zu können, sondern die den Tarot sofort als Werkzeug benützen möchten. Als Kinder haben wir Bilderbücher einfach angeschaut und uns darüber gefreut. Genauso funktioniert Tarot.

Vielleicht entwickelt sich nach diesen ersten lustvollen und spontanen Begegnungen mit der Bildsprache eine Neugierde, mehr über die Hintergründe, das Entstehen des Tarot zu erfahren und noch weiter in die Welt der Mythen und Symbole einzudringen.

So geht es mir bei dieser Arbeit auch nicht um Wahrsagen und Zukunftsschau im herkömmlichen Sinn, obwohl ich bestimmt Wahres sage. Es geht mir vielmehr um die psychologische Auseinandersetzung mit uns selber. Die Symbol- und Bildsprache ist ein Instrument zur Reflexion. Durch sie können wir Fragen, Gedanken und Themen, die unser persönliches Leben betreffen, mit Hilfe der Karten weiterspinnen, ausbreiten und durch Impulse ergänzen. Und es geht mir auch darum, dass wir beim Bearbeiten unserer Themen nicht auf eine einzige Möglichkeit reduziert werden. Es gibt deren immer mehrere. Die Welt ist nicht schwarz-weiß, sondern bunt wie eben farbige Bilder sind. Tarot lehrt uns dies auf anschauliche Weise, weil jeder Mensch intuitiv eigene Impulse aus dem farbigen Angebot der Bilder auswählt, um sie als Lösungsvorschläge zu prüfen.

Die Karten geben uns nicht Antworten im eigentlichen Sinn, sondern sie werfen neue Fragen auf, die wir nur selber beantworten können.

Auch scheint es mir leichter, sich auf der Grundlage eines konkreten Themas oder Problems mit den Tarotkarten zu beschäftigen und die Impulse der

Bilder auf sich wirken zu lassen als theoretisch die Bildsprache zu lernen. So spüren wir in uns den aufgeworfenen Fragen nach und finden dazu die eigenen Antworten oder kommen ihnen ein Stück näher. Aus diesem Grund habe ich für jede Karte die verschiedenen Bedeutungen ihrer Symbole zu einer für sie typischen übergeordneten Charakteristik zusammengefasst und durch Fragen ergänzt, die zu persönlichen Antworten führen.

Tarot im Alltag – *was es soll, was es kann und was es nicht kann*

Tarot ist ein Modell des Lebens und dient der Orientierung. Es ist ein Abbild des Lebens im wahrsten Sinne des Wortes und spiegelt in seiner immer gleichen, verdichteten Weise unsere Fantasien, Gedanken und Wünsche. Es hilft uns, zum Dialog mit uns selber zu finden. Tarot ist ein psychologisches Instrument, das von jedem Menschen, der es wählt, angewendet werden kann und kinderleicht ist, weil die Bildersprache uns bereits am ersten Tag unseres Lebens die Augen öffnet. Die 22 großen und 56 kleinen Arkana des Tarot ermöglichen uns, in immer wechselnden Kombinationen den Dialog mit uns selber zu pflegen: den Dialog zwischen dem bewussten, klaren Denken und dem halb verborgenen, latent vorhandenen Ahnen.

Tarot bietet die Möglichkeit zu einer persönlichen Auseinandersetzung mit Situationen, die uns beschäftigen. Dabei stellen die archetypischen Bilder der 22 großen Arkana (des Lebensbogens) die übergeordneten Themen des Lebens dar. Sie zeigen das Dach, unter welchem die bearbeitete Thematik angesiedelt werden kann. Die 56 kleinen Arkana zeigen Szenen, Details und Alltagsgeschichten des individuellen Erlebens. Zusammen wirken sie als Ganzes.

Die Bilder des Tarot machen unser schwarz-weißes Denken bunt!

Über den Umgang *mit diesem Buch*

Der **erste Teil** ist der Betrachtung des Tarot als Ganzes gewidmet. Das Modell des Tarot verschafft einen Überblick, wie die verschiedenen Ebenen der insgesamt 78 Karten zueinander stehen und aufeinander wirken. Es zeigt die Organisation der Karten. Wie jedes Lebensmodell dient auch Tarot der Orientierung und lebt nicht aus sich selbst heraus. Erst wir Menschen machen die Bildsprache lebendig. Genauso wie eine Wanderkarte nur Vorschläge für Wege und Angaben über Höhendifferenzen sowie die Breite der Pfade macht. Ins Schwitzen kommen wir erst, wenn wir den Anstieg auf den Berg wirklich selber unter die Füße nehmen.

Im **zweiten Teil** wird jede Karte als Instrument zur Bearbeitung der Alltagsfragen einzeln betrachtet, als Grundlage für mögliche Deutungen und zwar immer in folgender Reihenfolge:

Kurztitel

Auf den ersten Blick

Allgemeingültige Bedeutung

Individuelle Deutung

Auslegung zur Karte

Für dieses Buch wurden 78 Auslegungen entworfen; für jede Karte aus ihrer typischen Bildsymbolik und zu ihr passend. Diese Auslegungen sind gute Möglichkeiten, eine Themen-, Tages- oder Jahreskarte zu vertiefen und ermöglichen damit eine differenzierte Betrachtung der Karte selber. Die Bildsprache erklärt sich über Bilder.

Der **dritte Teil** des Buches widmet sich der Praxis und bietet anregende Möglichkeiten für Übungen, Anwendungsbeispiele und weitere Auslegungen »für alle Lebenslagen«. Dort können Leserinnen und Leser konkret mit den Karten des Tarot arbeiten und ihren eigenen Stil entdecken oder erweitern.

Das **Inhaltsverzeichnis** habe ich so gestaltet, dass es eine gute Orientierungshilfe bietet, um schnell einen Überblick zu bekommen und sich genau das herauszupicken, was gebraucht wird oder interessiert.

Woher kommt eigentlich *Tarot*?

Bis zur Legende von Atlantis gehen die Spekulationen zurück, auf wann die Entstehung der Tarotkarten zu datieren sei. In ihrer Symbolik finden sich wesentliche, sogar übereinstimmende Elemente verschiedener Kulturen und Weisheitslehren wieder.

Im alten Ägypten wurde die Zeit in 22 Mondstationen gemessen und zwar vor allem qualitativ. In unserer heutigen Kultur messen wir nicht mehr nach 22 Mondstationen, sondern nach zwölf Sonnenzeichen oder Sternbildern des Tierkreises. Der Bedeutungsgehalt der 22 ägyptischen Mondstationen verdichtete sich nach und nach zu Bildern, dann zu abstrakten Zeichen, den Hieroglyphen und allmählich zu verschlüsselten Buchstaben – dem ägyptischen **Buch Thoth**.

Das hebräische Alphabet besteht aus 22 Konsonanten, welche nicht nur als Buchstaben Verwendung finden, sondern einzeln qualitativ eine symbolische Bedeutung für die Menschen haben. Dieses Wissen ist Bestandteil der **jüdischen Kabbala**.

Die Sinnbilder der 22 hebräischen Buchstaben wie auch der 22 Mondstationen der alten Ägypter verweisen mit ihrer Symbolik auf die Karten der 22 großen Arkana. Tarot ist nicht die Grundlage dieser Weisheit selber, sondern nur die Übersetzung davon, die Kartenbilder sind Träger dieses Wissens.

Die frühesten schriftlichen Zeugnisse für die Existenz der Tarotkarten stammen jedoch aus der Renaissance. Auch die Zigeuner nutzen schon seit Jahrhunderten Karten zum Wahrsagen. Im Schweizer Wallis und im Bündnerland wird noch heute eine Form von Tarock, einer frühen Variante des Tarot, gespielt.

Die Bild-, Symbol- und Zeichensprache ist wohl die älteste Sprache der Welt. In jeder Kultur wird gerätselt und gedeutet, sei es aus dem Bild der vorbeiziehenden Wolken, aus dem Kaffeesatz, aus Kaurimuscheln oder den Eingeweiden frisch geschlachteter Tiere. Selbst für uns ist so etwas ganz alltäglich, wenn wir uns etwa mit der Frage beschäftigen, was wohl dieses oder jenes Ereignis für uns bedeuten mag. Alle Menschen haben ein natürliches Interesse und eine Neugier, mehr über ihr Schicksal zu erfahren und hinter den Vorhang des Fassbaren zu schauen. Dafür suchen sie sich bedeutungsvolle Spiegel aus.

Die Symbole des Tarot basieren auf uralten Überlieferungen und Mythologien, welche die Lebensgeschichte ganzer Völker und Kulturen erzählen. Alle Religionen der Welt befassen sich mit dem Sinn des Lebens, der Frage, woher der Mensch kommt, wodurch er lebt und wohin er geht. Im Tarot sind deshalb sehr viele Symbole aus den großen Weltreligionen vertreten. Einige Analogien aus unserer christlichen Tradition nehme ich im Buch auf und setze sie in Bezug zum Tarot.

Weshalb gerade der *Tarot von A. E. Waite*?

Arthur Edward Waite lebte von 1857 bis 1942 hauptsächlich in England. Er war Mitglied des Ordens der goldenen Morgenröte (Order of the Golden Dawn). Im Jahr 1909 veröffentlichte er mit der Malerin und Graphikerin Pamela Colman-Smith zusammen im Rider-Verlag seine Version des traditionellen Tarot.

Colman-Smith gestaltete nach den Anweisungen von Waite als erste die Bilder aller 56 Karten der kleinen Arkana neu. Die beiden ersetzten die bisher auf diesen Karten nur geometrisch angeordneten Symbole durch bildhafte Szenen aus dem täglichen Leben und verhalfen so der Aussagekraft dieser Karten zu einem wahren Durchbruch. Seit diesem Moment konnte jeder Mann und jede Frau selber in die Karten schauen, brauchte keinen »weisen« Übersetzer mehr. Dies kam einer kleinen Tarot-Revolution gleich, und das Karten-Set fand seinen Weg auch in die Hände »gewöhnlicher« Menschen wie wir. Praktisch alle neuen Tarotdecks übernahmen Waites Bilder.

Der Tarot von A. E. Waite ist ideal, weil es tendenzlos und neutral ist und weil die kleinen Arkana bebildert sind. Es basiert auf dem traditionellen Tarot und bietet Formen, Figuren, Farben und Symbole an, in denen unsere Sicht der Welt und des Lebens Platz haben. Es zeigt also keine speziellen Weltbilder und Philosophien, wie das zum Beispiel der Crowley-Tarot, das Spiel von Salvador Dali oder andere Decks neueren Datums tun. Diese Decks eignen sich allenfalls zu einem späteren Zeitpunkt in der Beschäftigung mit dem Tarot als kreative Ergänzung und zur Differenzierung.

Waites Änderungen

Im Vergleich zur bis dahin überlieferten Anordnung des Tarot nahm Arthur Edward Waite drei Änderungen vor: Er veränderte die Gestaltung der Karten Die SONNE und Die LIEBENDEN. Ihre Aussage bleibt jedoch dieselbe. Bei den Karten GERECHTIGKEIT und KRAFT tauschte er die Zahlen.

Tarot de Marseille

Tarot von A. E. Waite

Das traditionelle Bild der LIEBENDEN zeigt einen Mann, der zwischen seiner Mutter und der Geliebten wählen muss. Sein Herz wählt die Geliebte und verlässt die Mutter (das Paradies). Waites Version zeigt die Geschichte aus der Sicht von Mann und Frau, was unserem Zeitgeist besser entspricht. Beide verlassen den paradiesischen Zustand zu Gunsten der Selbstbestimmung in der Welt.

Das traditionelle Bild der SONNE zeigt zwei Kinder, die in Frieden vereint miteinander spielen. Sie symbolisieren die Versöhnung von Kain und Abel, also das Vereinen der Gegensätze. Der Lebensstreit liegt bei Waite hinter

Tarot de Marseille

Tarot von A. E. Waite

der dunklen Mauer in der Nacht und ist mit dem Beginn des neuen Tages, dem Aufgang der Sonne, überstanden.

Die Nummern der Karten VIII und XI aus den großen Arkana vertauschte Waite ohne nähere Erklärung. Ich habe hier gemäß allen älteren Tarotdecks der Karte GERECHTIGKEIT wieder die VIII und der Karte KRAFT die XI zugeordnet. Dabei beziehe ich mich auf das Modell der Tages- und Nachtbogen-Karten der großen Arkana.

Die GERECHTIGKEIT (VIII) liegt im Tagesbogen und verkörpert Bewusstheit, Klarheit und Entschiedenheit. Die KRAFT (XI) liegt im Nachtbogen und zeigt das labile Gleichgwicht der Kräfte.

1. *Tarot als Modell*

Tarot im Überblick –
Die Organisation aller 78 Karten

Die 22 Karten der großen Arkana (Arkanum = Bogen / Arkana = Bögen) zeigen die großen Themen oder die großen Geheimnisse (so die gebräuchliche Übersetzung) des Lebens.

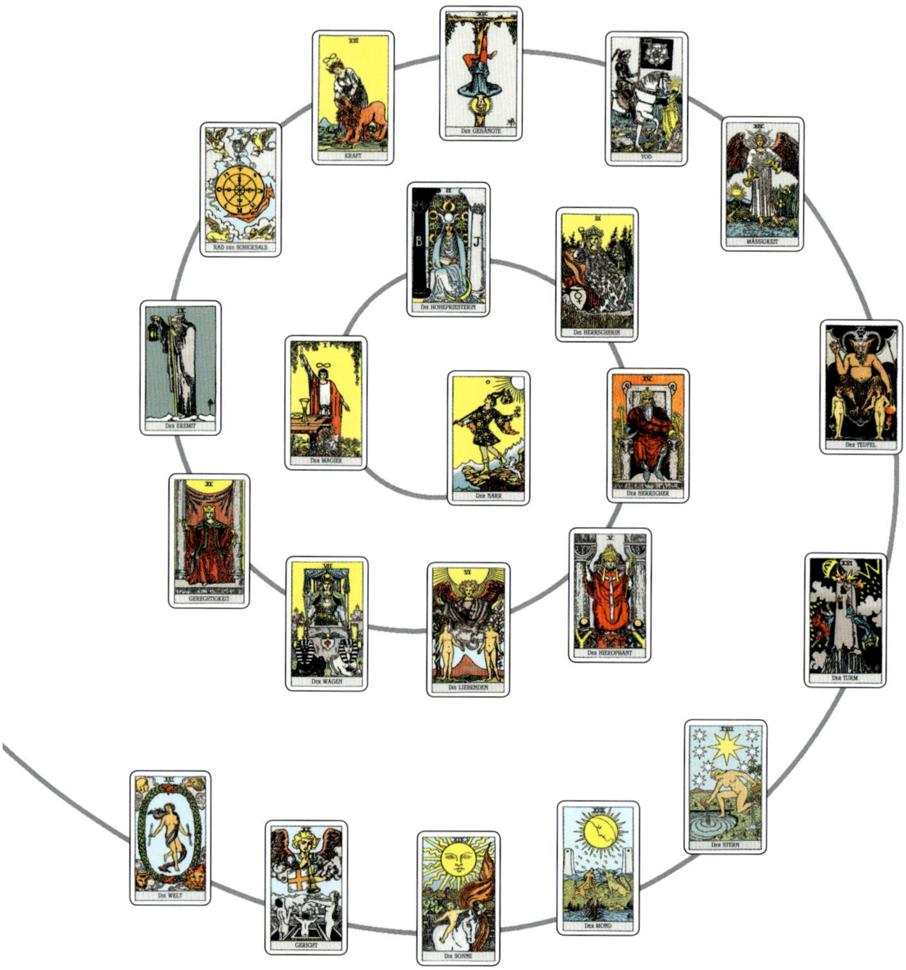

Die 56 Karten der kleinen Arkana zeigen die alltäglichen Szenen und Situationen des Lebens. Sie lehren den Umgang mit den vier Elementen. Sie sind nochmals in drei Ebenen aufgeteilt und in ihrer Bedeutung unterschieden.

Die Hofkarten (Die vier Höfe mit ihren je vier Rollen)

Hof des Feuers

Hof des Wassers

Hof der Luft

Hof der Erde

Das Ass, die Eins ist die reine Essenz des jeweiligen Elements, das **Ein-und-Alles** in der Einmaligkeit seiner Unteilbarkeit:

Ass des Feuers

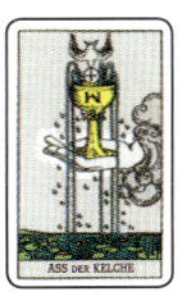

Ass des Wassers

Ass der Luft

Ass der Erde

Die Zahlenkarten, die alltäglichen Szenen, die vier Farben, die vier Elemente von II – X

STÄBE – Element Feuer

KELCHE – Element Wasser

SCHWERTER – Element Luft

MÜNZEN – Element Erde

Das Modell des Tarot bietet bereits dank seiner Gliederung in die Karten der großen und der kleinen Arkana erste wichtige Hinweise zur Deutung. Bevor die Bilder und Symbole in Bezug auf die gestellte Frage betrachtet werden, machen die Karten bereits klar, ob es sich um ein Alltagsthema handelt oder ob sie ein Lebensthema streifen.

Wenn eine Karte der 22 großen Arkana gezogen wird, bedeutet dies immer, dass sich die Antwort der Karte nicht nur direkt auf die gestellte Frage bezieht, sondern ebenso auf alle anderen Lebensbereiche. Sie spricht von einer übergeordneten Ebene aus alle Themen an und sprengt damit auch den engen zeitlichen Rahmen. Die 22 Stationen des Entwicklungswegs des Menschen sind der große Reigen des Lebens, das Grundmuster des großen Ganzen. Ergänzend zu den vier Elementen der kleinen Arkana kann man die großen Arkana als fünftes Element bezeichnen, als geistiges Prinzip. Sie sind die Gesetze des gesamten Spektrums der menschlichen Grundmuster. C. G. Jung nennt sie Archetypen.

Wenn jedoch eine Karte der 56 kleinen Arkana auf dem Tisch liegt, handelt es sich um eine zeitlich und thematisch begrenzte Betrachtung des Alltags, und die Karte gibt bildhaft eine konkrete Antwort auf die gestellte Frage. Die Hofkarten zeigen eine Orientierung, eine Standortbestimmung und verdeutlichen eine Rolle. Die Zahlenkarten veranschaulichen unterschiedlichste Szenen aus dem ganz alltäglichen Erleben des Menschen, und die Asse sind Gaben des reinen Elements, die uns dargebracht werden.

Die kleinen Arkana sind weiter aufgeteilt in die vier Symbol-Reihen der Stäbe, Kelche, Schwerter und Münzen. Sie verkörpern die Lehre der vier Elemente und versinnbildlichen die menschliche Lebensgrundlage. Lebensnotwendig ist das Feuer der Sonne, das Wasser zum Trinken, die Luft für die Atmung und die Nahrung aus der Erde. Die Karten der kleinen Arkana sprechen die Sprache der Elemente und werden aus diesem Blickwinkel heraus gedeutet.

Der psychologische Weg

der Individuation im Tages- und Nachtbogen

Die Individuation des Menschen beginnt mit seiner Geburt aus der Einheit (0) des Universums in die Getrenntheit des Menschseins auf Erden. Sein irdischer Weg ist das ständige Suchen nach Sinn, nach dem Verbinden der Gegensätze zur Ganzheit, um endlich durch das Leben gereift zur verlorenen Einheit (XXI) zurückzukehren.

Wenn wir die 22 Karten der großen Arkana wie nachstehend dargestellt einteilen in einen Tages- und einen Nachtbogen, so gehört der Tagesbogen von I – IX (Sonnenprinzip) in die Ebene des Bewusstseins, in die männlich-energetische Kraft des Lebens und wird hauptsächlich von der linkshemisphärischen Seite unseres Gehirns gesteuert (Denken, Analyse, Klarheit, Ziel, Steuerung, Kontrolle). Der Tagesbogen untersteht dem Gesetz der Linearität, der Abfolge eins nach dem anderen. Der Weg des Tages ist die Suche nach den Unterschieden im Leben, nach Erkenntnis im Sinne von Wissen, Macht und Klarheit, er ist die Suche nach Erfolg im Lebenskampf. Die Falle, die auf diesem Weg lauert, besteht darin, in der Konkurrenz haften zu bleiben und die Getrenntheit nicht überwinden zu können.

Das RAD des SCHICKSALS (X) dreht den Menschen aus seiner Kontrolle über den Tagesbogen in die Gesetze der Nacht. Die vier Buchstaben auf der Karte X verweisen darauf: ROTA TARO ORAT TORA ATOR (Das Rad des Lebens verkündet das Gesetz des Chaos.)

Der Nachtbogen (XI – XVIII) (Mondprinzip) gehört in die Ebene des Unbewussten, in die weiblich-energetische Kraft des Lebens und wird hauptsächlich von der rechtshemisphärischen Seite unseres Gehirns gesteuert (Fühlen, Intuition, Hingabe, Zulassen, Träumen). Der Nachtbogen untersteht dem Gesetz der Zirkularität; alles ist gleichzeitig, miteinander vernetzt. Der Weg der Nacht ist die Suche nach Tiefe, Zugehörigkeit, die Sehnsucht nach Sinn, Freiheit, Erlösung, Friede und Einheit. Die Falle auf diesem Weg besteht darin, die Anbindung an die Realität zu verlieren und sich eine eigene »Welt« zu fantasieren, die nicht mit dem Alltag korrespondiert.

Die Integration des Nachtbogens in den Tagesbogen findet in den Karten XIX und XX statt. Sie führen zur Einheit (XXI) zurück.

Tagesbogen

Nachtbogen

Die 22 Entwicklungsstufen
des Tages- und des Nachtbogens

0 – Der NARR — *Ursprung*

Wie die Zahl Null schon zeigt, kann der NARR gar nicht zugeordnet werden. Deshalb gehört er weder zum Tages- noch zum Nachtbogen. Er bewegt sich zwischen den Welten, ist überall und nirgends. Er kommt aus der Einheit des Universums, ist noch ganz und ungeteilt, noch kein Individuum. Er vereint in sich beide menschlichen Anlagen: Mann-Sein und Frau-Sein.

I – Der MAGIER — *Manifestation*

Mit dem Eintritt in die Welt ist die Geschlechtszugehörigkeit entschieden. Das Individuum, sozusagen der Einzelgänger-Mensch, ist geboren. Der MAGIER ist der rein männliche Repräsentant auf Erden und dadurch getrennt von der Weiblichkeit. Der Mann gehört zum klaren Sonnen-Prinzip. Mit der Lemniskate, dem Unendlichkeitszeichen, über seinem Kopf startet er den Tagesbogen, welcher endlos weitergeht.

II – Die HOHEPRIESTERIN — *Stabilität*

Die HOHEPRIESTERIN ist die Repräsentanz des rein Weiblichen auf Erden und als weibliches Urmuster getrennt von der Männlichkeit. Die Frau gehört zum diffusen Mond-Prinzip. Sie bringt, wenn auch noch in passiver Form, die Möglichkeit des Nachtbogens als zweites Prinzip in die Welt des Tages. MAGIER und HOHEPRIESTERIN stehen in ihrer Getrenntheit als geschlechtsspezifische Grundmuster nebeneinander.

III – Die HERRSCHERIN — *Wachstum*

Der HERRSCHERIN ist die Fruchtbarkeit bildhaft auf den Leib geschrieben. Sie ist die Urmutter allen Seins; sie ist Mutter Erde und Gebärende. Sie verkörpert das Prinzip des Naturkreislaufs. Sie schenkt ihren physischen und geistigen Kindern das Leben und mit ihm den Tod. Sie ist der Archetyp der Mutter und gibt sich mit ihrem Körper hin, schenkt Raum, damit Leben wachsen kann. Dank dieser Möglichkeit der Fortpflanzung wird, obwohl die Menschen sterblich sind, das Menschengeschlecht als Ganzes unsterblich.

IV – Der HERRSCHER — *Grenzen*

Die Aufgabe des HERRSCHERS ist, dem offenen Wachstumsraum der HERRSCHERIN Grenzen zu setzen und ihm Sicherheit zu geben. Er ist der Urvater, der Archetyp des Vaters. Er setzt Strukturen, hütet die Gesetze der Gemeinschaft und übernimmt die Verantwortung für sein Reich. Er bewahrt und verteidigt es, wenn nötig mit allen Mitteln. Seine Liebe gilt dem Leben innerhalb seiner Landesgrenzen, und sein Handeln ist geprägt durch eine klare Linie, erforderlichenfalls auch durch eindeutige Strenge.

V – Der HIEROPHANT — *Sinn*

Der HIEROPHANT oder Hohepriester ist der oberste Würdenträger und Botschafter des spirituellen Kulturerbes seines Volkes. Er ist der Lehrer des Herzens, der den Lebenssinn überbringt. Seine Aufgabe ist es, den Sinn des Lebens erkennbar zu machen, die Sinnfrage zu stellen. Deshalb spricht er zu seiner Gemeinschaft.

HERRSCHERIN, HERRSCHER und HIEROPHANT sind die drei Erziehenden des Menschen. Sie könnten etwa sagen:
Die HERRSCHERIN: »Ich habe dich auch lieb, wenn du ungezogen bist!«
Der HERRSCHER: »Zuerst die Arbeit, dann das Vergnügen!«
Der HIEROPHANT: »Sinn ist wichtiger als Geld!«

VI – Die LIEBENDEN — *Freiheit*

Das Herz fängt Feuer, verliebt sich, real oder symbolisch, und verlässt das Schlaraffenland des (kindlichen) Paradieses. Erst durch die Sünde oder die Fähigkeit, Fehler zu machen, also zu unterscheiden, erlangt der Mensch Erkenntnis. Die Einheit des Paradieses ist endgültig verloren.

VII – Der WAGEN — *Erfolg*

Die Zügel konzentriert aufnehmen, sein Lebensgefährt ohne Unfall sicher auf den Weg führen und vorwärts streben, das ist die Aufforderung des WAGENS. Das Ziel der Integration ist noch weit; die alten Muster in Gestalt der Mauern liegen noch unmittelbar hinter uns. Die Erfahrung des WAGENS lehrt, alle Dinge klar voneinander zu unterscheiden und dadurch den Weg der eigenen Karriere zu gehen.

VIII – GERECHTIGKEIT — *Bewusstsein*

Gerecht sein heißt erwachsen zu sein, also nicht einfach selbstgerecht durchs Leben zu gehen, sondern Verantwortung für sein Tun zu übernehmen. Die GERECHTIGKEIT ist die Karte der bewussten Auseinandersetzung mit den Gesetzen des Lebens. Der Kopf entscheidet über die nächsten Schritte auf dem Lebensweg. Mit Verstand trägt der Mensch die Verantwortung für die Konsequenzen seines Wirkens und Handelns.

IX – Der EREMIT — *Identität*

Erwachsen und gereift blickt der Mensch nach innen und weiß, wer er ist. Er kennt seine Identität, sein ICH. Nur mit dieser inneren Mitte kann er dem Leitstern seines Lebenswegs vertrauensvoll folgen. Diesen Weg kann er nur selber gehen, weil jeder Mensch einen anderen Weg gehen muss. Der EREMIT schenkt uns die innere Ruhe oder Unruhe zur Suche nach Weisheit und dadurch die Individuation auf reifer Stufe.

Der EREMIT beendet den Tagesbogen. Am Wendepunkt steht das RAD des SCHICKSALS. Dann beginnt der Nachtbogen. Jeder Karte des Nachtbogens lässt sich als ihre Entsprechung eine Karte des Tagesbogens zuordnen, welche sich jeweils aus ihrer Quersumme errechnet.

X – RAD des SCHICKSALS — *Kontrollverlust*

Das RAD dreht die Entwicklung weiter vom Bewusstsein ins Unbewusstsein. Mit dem RAD nimmt uns das Leben die Zügel aus den Händen und übernimmt die Führung. Der Mensch kennt nur seine gewohnten Muster und wüsste gar nicht, wohin er seine Schritte nun lenken sollte. Er hat die innere Absicht und seinen Leitstern. Nur das Schicksal kann uns auf neue Pfade leiten, uns neue Erfahrungen zuteil werden lassen. Das Schicksal setzt den neuen Wegweiser auf unserem Weg. Diese Karte kostet den Menschen die Kontrolle und zwingt zur Hingabe. Das RAD des SCHICKSALS dreht den Menschen vom Tages- in den Nachtbogen.

(1 + 0 = I Der MAGIER)

Der MAGIER mit seinen Werkzeugen steht, numerologisch betrachtet, hinter dem Chaos des RADES und setzt den Weg des Tagesbogens auch im Nachtbogen fort. Der bewusste Weg des Tagesbogens ermöglicht erst das Erforschen des unbekannten Nachtbogens als ständigen Bewusstwerdungsprozess.

XI – KRAFT — *Integration*

Das Kräfteverhältnis wird unlogisch, ist mit dem Verstand nicht mehr erklärbar. Sanftheit und Wildheit tanzen miteinander in einem labilen Gleichgewicht. Jederzeit kann sich diese vorübergehende Harmonie verändern. Die zwei Seelen in der Brust lernen einander kennen. Der Nachtbogen beginnt hier und geht endlos weiter, wie die Lemniskate (Unendlichkeitszeichen) über dem Kopf der Frau anzeigt.

1 + 1 = II Die HOHEPRIESTERIN: Die HOHEPRIESTERIN ist nun in ihre Domäne eingetreten und kann das weibliche Prinzip, welches sie bereits als Möglichkeit in den Tagesbogen gebracht hat, jetzt ausleben.

XII – Der GEHÄNGTE — *Krise*

Der Verlust der Kontrolle bewirkt oft eine Krise. Es ist nicht einfach, die Hingabe an das Leben selber zu entdecken. Lernen im Sinne von Wissen bringt den Menschen hier nicht weiter. Willentlich loslassen ist unmöglich. Er kann es nur geschehen lassen, kann durch Hängen erfahren, was echte Hingabe ist. Die Krise ist die Chance und der Blickwechsel kann sich vollziehen.

1 + 2 = III Die HERRSCHERIN: Die HERRSCHERIN als Lebensspenderin begleitet hier das Wachstum in die Tiefe bis zur Geburt der neuen Erkenntnis.

XIII – TOD — *Verlust*

Jetzt muss ein Stück ICH sterben. Bereichert durch die neue Erkenntnis hat es in seiner ursprünglichen Form ausgedient. Es ist nie mehr so wie vorher. Der Mensch verliert etwas, indem etwas Neues dazu gekommen ist. Die Veränderung durch den starken symbolischen TOD verhindert jeden Rückschritt. Deshalb begleiten Abschied und Trauer diesen Prozess. Er bedeutet Reinigung und Aufräumen.

1 + 3 = IV Der HERRSCHER: Hinter dem Ego-Verlust steht die Präsenz des starken Egos, die Macht des HERRSCHERS.

XIV – MÄSSIGKEIT — *Gesundheit*

Im Nachtbogen kann nicht mehr abgemessen werden. Die Genauigkeit und Wiederholbarkeit der Waage gehören in den Tagesbogen. Das richtige Maß wird nur durch ständiges Mischen gefunden und ist immer wieder neu. Eine spirituelle Kraft, auf dem Bild durch den Schutzengel dargestellt, begleitet den Menschen künftig auf seinem irdischen Weg zur SONNE. Sie ist das Ziel, das Auftauchen nach der dunklen Wegstrecke der Nacht ans Licht. Die SONNE zeigte sich bereits beim GEHÄNGTEN im Strahlenkranz der Erkenntnis um seinen Kopf und auch auf der Karte des Todes, wo sie im Osten aufgeht. Die Karte der MÄSSIGKEIT bedeutet die übergeordnete Gesundheit, physisch, psychisch, seelisch und spirituell (siehe auch *Die sieben Kriterien der Gesundheit* beim Legesystem zur MÄSSIGKEIT auf Seite 81.)

1 + 4 = V Der HIEROPHANT: Der HIEROPHANT hat bereits als dritter Erzieher im Tagesbogen die Sinnfrage gestellt. Er verkündet die spirituelle Kraft als Grundlage zum Erreichen der MÄßIGKEIT.

XV – Der TEUFEL — *Sucht*

An diesem dunkelsten Ort des Individuationsweges gibt es kein Licht, welches leuchtet. Und es ist ratsam, gut vorbereitet an diesen verborgenen Ort zu gehen, sich den Leitstern des EREMITEN im Herzen zu behalten und mit dem Schutz des Engels in diese Höhle oder Hölle einzutreten. Der TEUFEL selber ist der Hüter der menschlichen Tabus. Er ist der gefallene Engel und kennt die dunklen Seiten der Menschen. Ihre verlorenen Seelen hütet er, bis der Mensch reif ist, sie wieder zu erlösen.

1 + 5 = VI Die LIEBENDEN: Die absolute Harmonie des Paradieses der LIEBENDEN, des Himmels, steht hinter der abgrundtiefen Dunkelheit der Hölle. Das nur Gute findet im so genannten Bösen seinen gefährlichen Schatten und umgekehrt.

XVI – Der TURM — *Durchbruch*

Das Verborgene, Verdrängte ist aus der Schatztruhe des TEUFELS erlöst und drängt mit ungestümer Kraft in die Freiheit. Der verborgene Seelenteil kann nun ans Licht treten und befreit den Menschen aus seinem Gefängnis der starren alten Muster und Mauern, einem Blitz der Erkenntnis gleich. Wie Schuppen fällt es dem Menschen von den Augen, welche Gedankengebilde und Glaubenssätze er selber um sich gebaut hat. Der Schreck sitzt ihm noch im Nacken, doch der Durchbruch in die Freiheit gelingt.

1 + 6 = VII Der WAGEN: Hinter diesem Durchbruch steht der Aufbruch, weg von den noch nahen Türmen der Stadt auf der Karte des WAGENS.

XVII – Der STERN — *Jungbrunnen*

Nackt und glücklich spielt der Mensch mit den Wassern des Lebens, in die ihn seine neu gefundene Freiheit geworfen und gespült hat. Er hat die Liebe zu sich selber wieder entdeckt und genießt das Eins-Sein mit sich, den Elementen und dem ganzen Kosmos. Er fühlt sich frei und angenommen unter den Sternen des Himmels. Diese Erfahrung ist der Jungbrunnen seiner Seele.

1 + 7 = VIII GERECHTIGKEIT: Hinter den unendlichen Gesetzen des Kosmos stehen mit der GERECHTIGKEIT die erwachsenen Gesetze der Erde.

XVIII - Der MOND — *Intuition*

Es ist geschafft, die Freiheit ist erlangt, die Seele ist erlöst, die Selbstachtung wieder gefunden. Der MOND ist die letzte Station des Nachtbogens. Sein diffuses Licht ist so verwirrend, dass hier die Gefahr besteht, sich zu verirren und im MOND hängen zu bleiben, zurück in die Abhängigkeit des TEUFELS zu rutschen. Die Verführung durch den TEUFEL reicht in den Nachtkarten bis zum MOND. Findet der Mensch die Klarheit der SONNE oder verwechselt er das Licht des MONDES mit ihrem Glanz?

1 + 8= IX Der EREMIT: Der EREMIT kennt sich und seinen Weg; er verliert ihn nicht leichtsinnig an die dunkeln Mächte. Sein Leitstern führt ihn ans neue Licht.

Die nun folgenden Karten SONNE und GERICHT gehören weder zum Tages- noch zum Nachtbogen. Sie sind die Karten der Integration beider Bögen.

XIX - Die SONNE — *Klarheit*

Die SONNE bringt es an den Tag. Nur noch die dunkle Mauer erinnert an die Nacht. Der kleine NARR, die neue kindliche Unschuld, sitzt hoch zu Ross und lernt die Sonnenseite des Lebens kennen. Ein Stück Einheit ist geboren. »Und wenn ihr nicht ... werdet wie die Kinder, so werdet ihr nicht ins Himmelreich kommen!« (Matthäus 18,3)

XX -GERICHT — *Erweckung*

Das neue Leben ist dem Ruf gefolgt, der bereits als Herzensentscheidung die LIEBENDEN aus dem Paradies gelockt hat. Die Menschen steigen selber aus ihren Särgen oder TEUFELS-Truhen heraus und strecken sich mit Urvertrauen dem Leben entgegen. Der Schutzengel hat seine Führung und Begleitung durch die Gefahren der Nacht gut wahrgenommen. Es ist nichts Totes, das hier zum Leben erweckt wird, sondern es ist noch nicht gelebtes Leben, das sich zur Auferstehung meldet und zur Einheit drängt.

Die Karten NARR und WELT sind die Karten der Einheit, also beidgeschlechtlich, androgyn.

XXI – Die WELT — *Ganzheit*

Zurück zur Einheit. Die Welt ist in Ordnung. Das Ziel ist erreicht. Die Gegensätze sind vereint. Der Lebenstanz im Rahmen der neuen Möglichkeiten tanzt sich leicht und rhythmisch. Zum Stab des MAGIERS aus dem Tagesbogen gesellt sich der Stab, der beim Durchschreiten des Nachtbogens gefunden wurde, dazu. Nur mit beiden ist der Tanz der Einheit möglich. Genau wie der NARR ist auch die WELT männlich-weiblich. Und der NARR kündigt sich mit der Form der Null im organischen Rahmen der Welt bereits für den nächsten Kreislauf durch die Stationen der großen Arkana an, mit neuen Themen, neuen Tabus; die Entwicklung geht weiter.

Das Symbol des Kreuzes

oder das mathematische Zeichen Plus als die Vereinigung der Gegensätze

Das Gesetz der Entsprechungen bestimmt die Unterschiede und ermöglicht dadurch zugleich deren Verbindung:
Wie oben so unten.
Wie innen so außen.

Die Unterschiede (entweder-oder) ergänzen sich (sowohl-als-auch):

Tag + Nacht = 24 Stunden
männlich + weiblich = Menschsein
bewusst + unbewusst = Erkenntnis

Horizontale Achse: Der MAGIER (Tagesprinzip/männlich) und die HOHEPRIESTERIN (Nachtprinzip/weiblich) repräsentieren die Getrenntheit in veränderbarer Form. Der Entwicklungsweg ist offen.
Vertikale Achse: Der NARR und die WELT sind Repräsentanten der Einheit und in sich vollkommen.
Beide Achsen ergeben zusammengerechnet jeweils die Quersumme 3, die Zahl der Vollkommenheit im Wachstum.

Die Lehre von den vier Elementen in den Kleinen Arkana

als differenzierte Betrachtung des Alltags

Das **FEUER** wird durch die Stäbe symbolisiert. Feuer braucht Holz als Nahrung, und alle Stäbe zeigen neue Triebe als Zeichen der Zeugungskraft, die Wachstum aus dem scheinbaren Nichts entzünden kann. Das Stab-Ass ist der Phallus, die männlich-energetische Zeugungskraft. Feuer ist ein männliches Element.

Das **WASSER** wird in den Kelchen gefasst. Fassungslos geht es immer den Weg des geringsten Widerstandes und fließt genauso unkontrollierbar wie die Gefühle es tun. Nie würde ein Rinnsal aus eigener Kraft über einen Stein fließen. Das Wasser in seiner aufnehmenden Schale ist ein weibliches Element. Das Kelch-Ass ist Urbild des heiligen Grals als Symbol für die Suche nach der unfassbaren seelischen Wahrheit, die in ungeahnten Tiefen gründet.

Die **LUFT** wird durch das Schwert geteilt. Messerscharf wie der Verstand ist seine Klinge. Das Denken, das Bewusstsein und die Sprache sind im Raum der Luft angesiedelt. Nur Gedanken schwingen sich wie auf Flügeln getragen in die geistigen Höhen der Lüfte und des Himmels. Die Karten der Schwerter zeigen die bewusste, gedankliche Auseinandersetzung mit dem Leben. Das Schwert-Ass reicht dank seiner Vorstellungskraft und Klarheit höher als die Krone, welche die höchste irdische Stufe repräsentiert. Luft ist ein männliches Element.

Die **ERDE** ist Materie und formt sich in unzähligen Möglichkeiten. Die Münzen, oder genauer die Pentakel, sind Symbol des Erdhaften. Auf jeder Münze ist das Pentagramm, der Fünfstern, abgebildet und zeigt, dass alles, was mit den fünf Sinnen erfasst werden kann, Erde ist. Auch die Münzen unseres Geldes sind nur Symbol für Wert; sie sind nicht der materialisierte Wert selber. Erst wenn das Brot gekauft ist, kann es nähren. Das Münz-Ass ist Ausdruck der Magie, des Wunders des Lebens, welches der Mensch und mit ihm alles irdische Sein selber ist in seinem Werden, Wachsen und Sterben. Das Pentagramm steht als Symbol für den Menschen mit Kopf, Armen und Beinen, aber auch für die fünf Elemente des Tarot. Das fünfte Element, der Geist, ist durch die großen Arkana repräsentiert. Erde ist ein weibliches Element.

Um den Alltag im Kontakt mit den vier Elementen noch differenzierter beleuchten zu können, sind die 4 x 14 Karten nochmals unterteilt.

Die Hofkarten zeigen die vier hierarchischen Ebenen: Von wo aus wir etwas leben und erfahren können, in welchen Rollen wir das Thema anpacken sollen und an welchem Standpunkt wir uns befinden.

Die Zahlenkarten bebildern verschiedene Szenen des Alltages, Situationen, die wir kennen und denen wir immer wieder in anderer Variation begegnen.

Die vier Asse gehören genau gesehen als Einser zu den Zahlenkarten. Jedoch stehen sie in ihrer Einzigartigkeit auf der höchsten Stufe. Sie sind Gaben des Universums oder einfach Begabungen.◣

Schlüsselbegriffe
zu den Kleinen Arkana

Ass – Gaben des höheren Ganzen

I: Ein und Alles, Konzentrat, Essenz, Grundwert, reine Form des jeweiligen Elements. Es ist ein Angebot, die elementare Begabung anzunehmen. Die kleinste Zahl 1 hat den höchsten Wert, weil sie sich nicht aufschlüsselt und vervielfacht. Sie ist ein Unikat, bleibt Urform, Grundmuster, unteilbar.

Zahlenkarten – Szenen des Alltags

II: Begegnung, Dualität, Ausgleich, Ergänzung, Stabilität

III: Wachstum, Verbindung, Austausch, Raum, Entwicklung, Berührung

IV: Begrenzung, Absicherung, Formgebung; Wesentlichkeit, Selbstgenügsamkeit, genug

V: Konflikt, Rechtmäßigkeit, Verlust, Auseinandersetzung, Relativierung

VI: Ausgleich, Gleichgewicht, Pforte, Übergang, Wendepunkt

VII: Konturlos, die noch nicht endgültige Form, schwankend und auf der Suche

VIII: Bewegung, Bewegtsein, Hingabe an das Sein, Jetzt

IX: Entscheidung für dieses Element, Vertiefung, Unmissverständlichkeit

X: Konkretisierung, Erfüllung, Schwere, Ganzheit

Hofkarten – die Rollen und ihr Grad an Verantwortung und Freiheit

Page – der Abenteurer

Stichworte: Lehrling, entdecken, ausprobieren, erproben, üben, hat noch keine definierte Aufgabe, Neuausrichtung, Unbeschwertheit, frei, lässt sich auf Neues ein.

Ritter – der Bote

Stichworte: handeln, verändern, übermitteln, bereit sein, Wegbereiter, Disposition, Überbringer, in die Wege leiten, in Bewegung kommen.

Königin – die Hüterin

Stichworte: aufnehmen, annehmen, Hingabe, Raum geben, Erkenntnis, Erfahrung, Hüten, Basis, zulassen, Wachstum fördern, erlauben.

König – der Würdenträger

Stichworte: Verantwortung, festigen, Echtheit, Weitsicht, Grenzen setzen, Schlüsselkompetenz, Handeln im Sinne des Ganzen, Überblick.

Hofkarten – die Rollen innerhalb der Elemente

Alle vier Mitglieder jedes Hofes unterstehen einem Element, regieren unter der Flagge einer Farbe. Die Familie Feuer manifestiert sich in der Wüste mit den triebhaften Stäben. Der Hof des Wassers trägt je einen Kelch in der Hand, und Fische bereichern die Bilder. Die Luft-Dynastie schlägt sich mit dem Schwert durchs Leben. Wolken und Vögel sind ihre Attribute. Die Erd-Familie schließlich bevölkert die reife Natur in ihrer Fülle und trägt sorgsam je eine goldene Münze in der Hand.

Unabhängig vom Element der ganzen Familie wird auch jede Rolle selber einem typischen Element zugeordnet, was das System natürlich komplizierter, aber auch vielschichtiger werden lässt.

König	=	**Feuer**
Königin	=	**Wasser**
Ritter	=	**Luft**
Page	=	**Erde**

Der Hof der Stäbe:

König

Er ist das Feuer des Feuers.

Königin

Sie ist das Wasser des Feuers.

Ritter

Er ist die Luft des Feuers.

Page

Er ist die Erde des Feuers.

Der Hof der Kelche:

König

Er ist das Feuer des Wassers.

Königin

Sie ist das Wasser des Wassers.

Ritter

Er ist die Luft des Wassers.

Page

Er ist die Erde des Wassers.

Der Hof der Schwerter:

König

Er ist das Feuer der Luft.

Königin

Sie ist das Wasser der Luft.

Ritter

Er ist die Luft der Luft.

Page

Er ist die Erde der Luft.

Der Hof der Münzen:

König

Er ist das Feuer der Erde.

Königin

Sie ist das Wasser der Erde.

Ritter

Er ist die Luft der Erde.

Page

Er ist die Erde der Erde.

Tarot auf einen Blick

Kleine Arkana

Die 56 Karten der kleinen Arkana verkörpern die Lehre der vier Elemente. Sie zeigen Erfahrungen, Ereignisse, alltägliche Szenen. Der MAGIER, die erste Karte der großen Arkana, hat diese vier Grundinstrumente vor sich auf dem Tisch liegen.

Stab	Feuer	yang, männlich	Widder Löwe Schütze	Inspiration, Optimismus, Bewegungsdrang, aktive Handlung, Abenteuer, Macht, Ungeduld, Triebe, Antrieb, Temperament
Kelch	Wasser	yin, weiblich	Krebs Skorpion Fische	Fühlen, Freude, Liebe, Trauer, Phantasie, Kreativität, Passivität, Illusion, Intuition
Schwert	Luft	yang, männlich	Zwillinge Waage Wassermann	Denken, Konflikt, Wahrheit, Verstand, Weisheit, Imagination, Gedanken, Unruhe, Auseinandersetzung
Münze	Erde	yin, weiblich	Stier Jungfrau Steinbock	Empfindung, Natur, Stabilität, Arbeit, Wachstum, Sicherheit, Körperlichkeit, Werte, Boden, Erdmagie

Die Karten der Münzen sind als Pentakel gezeichnet und zwar in einer Linie. Das Pentagramm (Fünfeck) ist das Symbol für die vier Elemente plus dem so genannten fünften oder Geistelement. Es ist aber auch das Abbild des Menschen mit Kopf, Beinen und Armen. Dieses Grundmuster war zugleich Bauplan vieler alter Kathedralen, wobei die Apsis der Kopf oder Geist, die Seitenschiffe die Arme und die beiden Türme die Beine ergaben.

Große Arkana

Die 22 Karten der großen Arkana stehen für das so genannte 5. Element und verkörpern den Geist oder das gedankliche Prinzip. Sie sind übergeordnete, archetypische Kräfte und zeigen immer die großen Bögen des Lebens an.

Die Ordnung der vier Elemente als Schöpfungsformel
Unsere Erde kann als Modell für die gesamte Schöpfung gelten. Die Schöpfungsformel ist verborgen im hebräischen Tetragrammaton, den vier Buchstaben des Namens Gottes

Das Feuer Gottes (Yod) steigt herab über die Wasser. Gott scheidet den Himmel (Luft, Vav) und die Wasser (Heh) und erschafft dadurch die Erde (Heh). In diese Ordnung fügt sich die Reihenfolge der Elemente: Feuer, Wasser, Luft, Erde.

In der Verbindung der kleinen und großen Arkana wirken das Geistprinzip und alle vier Elemente ständig zusammen. Die Karten tendieren nicht zur Abgrenzung, sondern zur Vereinigung und zur Auflösung aller wertenden Unterschiede. Sie ergänzen sich laufend von einem Bild zum andern.

Frauen und Männer – *männlich, weiblich oder kindlich***?**

Auf den meisten Tarotkarten sind Frauen und Männer und auch Kinder abgebildet. Sie machen uns Betrachtenden das Angebot, uns mit ihnen zu identifizieren. Wenn wir diese Figuren allerdings im Sinne der Geschlechter verstehen, schränken wir uns ein, können uns nur entweder in den Frauen oder in den Männern erkennen. Sind wir erwachsen, fallen bei dieser Sichtweise die Kinder als Möglichkeit sogar ganz aus. Aber Tarot ist immer ganzheitlich und schränkt nicht ein, sondern ergänzt; so auch in diesem Punkt. Männlich, weiblich und kindlich sind die drei Ur- oder Grundmuster des Lebens, die sich uns als Spiegel anbieten und alle in unserer Seele vorhanden sind. Das innere Kind, unser männlicher und unser weiblicher Aspekt sind in jedem Menschen in immer neuer Mischung vereint. Das heißt für die Deutung der Bilder, dass wir uns gleichzeitig in allen Figuren auf der Karte erkennen können. Wenn uns das andere Geschlecht im Tarot begegnet, spricht es den gegengeschlechtlichen Teil in uns selber an, und wir sollten ihn bewusst als Ergänzung wahrnehmen.

Könige

Königinnen

Nur zwei Ausnahmen gibt es: Es sind die beiden Rollen des Königs und der Königin in den Hofkarten und zwar bei jedem Element. Diese acht Personen begegnen uns nicht nur als unsere innere Frau und unser innerer Mann, sondern auch als Frau oder als Mann in der äußeren Realität. Wenn eine Frau mit Tarot arbeitet und einen der vier Könige zieht, so stellt sich, nebst der Identifikation mit der eigenen königlichen Seele, immer auch die Frage, welcher Mann in ihrem realen Alltagsleben gemeint sein könnte. Umgekehrt, wenn eine Königin als Karte einem männlichen Tarotanwender begegnet, sollte er sich auch fragen, welche Frau aus seinem realen Leben das möglicherweise ist. Wenn die Karte auf einem Platz der Zukunft liegt, dann kann eine Begegnung mit dem anderen Geschlecht stattfinden.

Der Doppelaspekt *jeder Symbolik*

Die übergeordnete Ebene ist wertfrei.

Die individuelle Ebene ermöglicht eine persönliche Bewertung der Dinge.

In jedem Symbol ergänzen sich stets die beiden Aspekte der übergeordneten und der individuellen Ebene. Diese Gesetzmäßigkeit gilt für den Tarot als Ganzes wie für jede einzelne Karte und jedes Bildsymbol, und zwar sowohl für die Karten der großen Arkana als immer währende Urmuster als auch für die Bilder der kleinen Arkana als Vielzahl wandelbarer alltäglicher Möglichkeiten. Jede Karte und jedes Symbol enthalten immer beide Aspekte, den allgemeingültigen Obertitel und die individuelle Interpretation. So entsteht die schier unergründliche Vieldeutigkeit, welche die Bildsprache auf kleinstem Raum so reich und hoch differenziert macht. Wollte man alle möglichen Variationen in der Schriftsprache notieren, so könnte man ganze Bibliotheken füllen.

Die übergeordnete Ebene jeder Symbolik ist immer ein Grundmuster und deshalb zeitlos. Sie ist wertfrei zu formulieren und soll in ihrer Vielfalt allgemeingültig bleiben. Sie bildet sozusagen ein Dach für die situativ und spontan stimmigen Assoziationen der persönlichen Wertung auf der untergeordneten Ebene. In diesem Zusammenspiel der beiden Symbol-Aspekte liegt der Schlüssel zum Verstehen der Bildsprache, zu ihrer Deutung.

Vielleicht entstanden die Symbole aus dem Bedürfnis heraus, die Gemeinsamkeiten der Kulturen und Weltreligionen in einfachster und doch komplexer Weise zu erfassen und somit den Nachfahren zugänglich zu machen. Bildsymbole sind wie eine aus allen Urgeschichten der Menschheit gewonnene Essenz, die den Menschen als Orientierung dienen, ohne sie festzulegen.

2. *Tarot als Instrument*

Die 22 Karten der Großen Arkana

0 — Der NARR

»Unbeschwerte Sorglosigkeit«

Auf den ersten Blick

◣ Die Welt gehört dir; aber wenn du sie besitzen willst, verlierst du sie. Es gibt keine Grenzen; überspringe sie! Sei sorglos und bleib im Augenblick in der Leichtigkeit des Seins. Dein Instinkt führt dich. Vertrau auf das, was du nicht weißt und mach den Schritt in die unbekannte Welt, eben so wie es nur ein Narr kann.

Allgemeingültige Bedeutung

◣ Der NARR ist, wie auch sein Nachfolger in heute gängigen Spielkarten, der Joker, überall einsetzbar. Ihm ist keine feste Zahl zugeordnet, wie allen anderen Karten der großen Arkana. Er trägt die Null oder das Nichts, aus dem heraus alles möglich wird. Er kennt noch keine Muster; er ist unbewusst, definiert sich nicht, weiß nicht, wer er ist und es ist ihm auch nicht wichtig – er ist ungetrennt in seiner Einheit und das zählt. Er geht seinen Weg nicht nur intuitiv, sondern mit seinem kleinen weißen Hund gar instinktiv und er braucht daher nicht einmal Vertrauen. Er ist geschützt durch seine Unschuld, hat noch keine Schuld auf sich geladen. Schuld ist dabei nicht im moralischen Sinn gemeint, sondern im Sinn der eigenen Individualität, welche immer getrennt ist von anderen Individuen und dadurch automatisch zur Bewertung der Unterschiede gerät. So genannte Fehler individualisieren.

◣ Der NARR kennt noch keine Unterschiede. Er steht nicht auf dem Boden der Realität; er ist zwischen den Welten und somit überall und nirgends. Er ist der Springer zwischen den Welten, er überbrückt Schluchten, Gräben und Grenzen. Seine Kraft hilft, in ganz Neues einzusteigen, dorthin, worüber wir noch keine Kenntnisse, keine Erfahrung besitzen und nur ohne Vorurteil hinkommen. Oft erkennen wir erst im Nachhinein mit einem erstaunten Ausruf den großen mutigen Schritt, den wir bewusst nicht gewagt hätten.

◣ Der NARR verkörpert den notwendigen Zwischenschritt, um Neues zu wagen und anzupacken, eine Zwischenstufe als sinnvoller Schritt, ein Narrensprung eben.

◣ Wenn der NARR zu lange verweilt oder gar zum Dauerzustand wird, bleibt er während des Sprungs irgendwo unterwegs in der Luft hängen und kann zum tragischen Randständigen, zum Aussteiger, zum Clochard werden.

Individuelle Deutung

◣ Mögliche Fragen des NARREN:

◣ Gönnst du dir ab und zu etwas Narrenfreiheit? ◣ Kommst du mit intellektuellem Hinterfragen nicht weiter und würde dich etwas ganz »Unvernünftiges«, etwas ohne Hand und Fuß weiterbringen? ◣ Wo gilt es, Vertrauen ins Nichts zu haben, damit etwas Neues entstehen kann? ◣ Glaubst du daran, in deinem »Rucksack« alle Fähigkeiten zu besitzen, um sie zur richtigen Zeit und am richtigen Ort auf deinem Lebensweg einzusetzen? ◣ Bist du neugierig genug, einen Schritt zu wagen und nicht zu wissen wohin du trittst? ◣ Verweilst du zu lange im Närrischen und siehst den Ernst des Lebens nicht mehr? ◣ Findest du alles lächerlich und nimmst dich und deine Mitmenschen nicht ernst? ◣ Willst du von nichts wissen und auch nichts tun, dem Leben davonlaufen? ◣ Kannst du dich nicht festlegen, nicht binden? ◣ Spürst du dein inneres freies und sorgloses Kind als eine Quelle der Kraft? ◣ Belebt dich deine innere Lebenslust? ◣ Welchem Duft in deiner Nase folgst du? ◣ Schöpfst du aus dem Quell deiner Vitalkraft?

Auslegung zur Karte

1 ◣ Diese noch weiße Sonne erleuchtet mir den Weg. Das begleitet mich als Schutz oder dieser »sonnige Leitstern« schiebt mich auf meinen Weg.

2 ◣ Diese Fülle von Werkzeugen trage ich bei mir. Das alles sind meine Ressourcen, die ich zur Verfügung habe.

3 ◣ Das begleitet mich immer. Das ist mein Instinkt, mein innerer Seelenbegleiter. Diese Stimme habe ich immer zur Verfügung.

4 ◣ Das ist der Narrensprung! So soll ich springen. Wenn ich Angst habe, bin ich kein Narr! — Spring jetzt!

I — Der MAGIER

»Taten statt Worte«

Auf den ersten Blick

Beginne! Hör auf deine Inspiration, setz all deine Kraft und deine Werkzeuge ein und gib deinen Ideen Kraft; lass sie Wirklichkeit werden. Du hast guten Grund, selbstbewusst zu sein, und du schaffst es. Mach!

Allgemeingültige Bedeutung

Der MAGIER hat den Beutel des Narren ausgepackt und kennt die Werkzeuge der vier Elemente, die er für seinen Lebensweg braucht. Er ist bewusst ins Leben getreten und weiß, wie er Stab, Kelch, Schwert und Pentakel/Münze gebrauchen kann. Mit ihm beginnt der Bogen des Tages, des Bewusstseins. Seine Aufgabe ist es, Ideen und Impulse zu empfangen und angemessen auf den Boden der Wirklichkeit zu bringen, willentlich und aktiv, so wie es sein Finger zeigt. Er setzt Neues konkret um. Er ist die Nummer Eins, der Archetyp des Anfangs und der Anfänge. Er glaubt an seine Kraft und ihre Wirksamkeit.

Der MAGIER betreibt Magie und das heißt nichts anderes als eine Aufgabe anzunehmen und sie den vier Elementen entsprechend in Wirklichkeit zu verwandeln. Wie mit einer Antenne empfängt er die Inspiration, lässt sich von ihr berühren und leitet sie durch sich hindurch bis sie auf dem sicheren Boden der Realität Form erhält.

Mit der Karte des MAGIERS zeigen sich bereits die Gesetze der Entsprechungen: wie oben so unten – wie innen so außen. Seine Hände empfangen oben, leiten nach unten; Impulse durchströmen ihn innen und wirken außen. Die roten und weißen Blumen rahmen ihn ein und versprechen Wachstum.

Er macht: Er ist ein Macher und hat die Macht zu bewirken. Auch wenn nur ein Kuchen hervorgezaubert oder ein Gedicht geschrieben werden soll, die vier Elemente sind seine Werkzeuge. Zuerst ist die zündende Idee. Sie gelangt in den Fluss der unterstützenden Gefühle, die den Kopf dazu motivieren, den Plan, das Rezept zu erdenken. Jetzt folgt der wichtigste Schritt, die Realisierung. Erst auf dem Boden der Wirklichkeit ist der Schöpfungsprozess abgeschlossen.

◣ Beendet der MAGIER seine Aufgabe nicht, so gibt es keinen Kuchen zu essen, kein Gedicht zu lesen. Alle Ideen, Gefühle und Pläne nützen nichts, wenn man sie nicht angemessen umsetzt. ◣ Magie ist: Etwas auf die Erde zu bringen, zu manifestieren, etwas aus der Idee in die Realisation zu zaubern.

Individuelle Deutung

◣ Mögliche Fragen des MAGIERS:

◣ Gebrauchst du deine Fähigkeiten bewusst und glaubst du an sie? ◣ Realisierst du deine Pläne oder bleibst du beim Pläneschmieden stecken? ◣ Bist du dir deiner Macht bewusst? ◣ Kennst du deine Kraft, etwas zu bewirken? ◣ Stehst du mit beiden Füßen auf dem Boden und bist auf Impulse eingestellt? ◣ Solltest du an deinem Selbstbewusstsein arbeiten? ◣ Unterschätzt du deine Werkzeuge? ◣ Hast du Mut, einen bewussten Neuanfang zu wagen? ◣ Was möchtest du schon lange machen? ◣ Welcher Plan kreist in deinem Kopf und drängt auf Umsetzung? ◣ Bist du mit dir und deiner Umwelt ungeduldig; geht dir alles zu langsam? ◣ Glaubst du, dass du alles könntest und deshalb gar nichts zu tun brauchst? ◣ Denkst du, du könntest Vieles sowieso besser als andere? ◣ Überschätzt du deine Fähigkeiten? ◣ Lässt du dich von der Macht der andern beeindrucken und stellst dein Licht unter den Scheffel? ◣ Weißt du, dass auch du eine Nummer Eins bist in deiner Welt? ◣ Fühlst du dich als number one?

Auslegung zur Karte

1

2

3

4

1 ◣ Für diesen Impuls soll ich empfänglich sein. Diese Idee soll ich fassen.

2 ◣ Das bin ich in meiner Kraft und Planungsfähigkeit. So bin ich und es ist gut.

3 ◣ Das sind meine Werkzeuge, die mir zur Verfügung stehen. So soll ich es in die Hand nehmen.

4 ◣ In diese Richtung geht die Entwicklung; das ist die Umsetzung, das Resultat.

II — Die HOHEPRIESTERIN

»Inneres Wissen«

Auf den ersten Blick

◣ Wer bist du wirklich – von innen heraus? Pass dich nicht nach außen an, sondern definier dich selbst über deine innere Stimme. Vertrau deiner Intuition. In dir ruht die ganze Weisheit. Verbinde dich mit ihr und höre auf sie.

Allgemeingültige Bedeutung

◣ Die HOHEPRIESTERIN ist unabhängig und definiert sich über sich selber. Sie ist also primär nicht die Frau ihres Gatten oder die Mutter ihres Kindes, sondern sie ist in erster Linie sie selber und spirituell verbunden mit dem ganzen Universum. Sie scheint passiv in sich zu ruhen, ist aber gleichzeitig auf die Umwelt konzentriert.

◣ Das Ur-Wissen der jüdischen Thora und also auch des christlichen alten Testaments liegt in ihrem Schoß, ist in ihr weiblich-biologisch seit Generationen gespeichert. Die Mondkrone bedeckt ihren Kopf. Ihre Gedanken und ihr ganzes Wissen dienen der Kraft des Mondes mit seinen Zyklen.

◣ So versteht die HOHEPRIESTERIN das Leben, so lässt sie das Leben seinen Lauf nehmen. Sie drängt ihr Wissen niemandem auf, sondern sie lässt sich fragen, um dann ihren Rat zu schenken. Sie verlässt sich auf ihre Intuition und auf ihre innere Stimme und lebt nach den Gezeiten des Meeres und des Mondes, der voll ist, abnimmt, leer wird und wieder zunimmt.

◣ Mit der HOHEPRIESTERIN als der zweiten Karte wird auf die Dualität hingewiesen und damit gezeigt, dass das Leben nicht nur männlich, sondern auch weiblich, nicht nur äußerlich, sondern auch innerlich, nicht nur wild, sondern auch zahm ist, nicht nur vermeintlich lieb, sondern auch das ist, was wir oft als böse empfinden.

◣Mit dem Aufzeigen der Dualitäten sind die äußersten Grenzen gesetzt. Dazwischen findet das Leben statt, da wo auch die HOHEPRIESTERIN sitzt, zwischen den beiden Säulen, der dunklen und der hellen, welche dem Leben erst die notwendige Stabilität geben.

▶ Sie ist auch die Jungfrau Maria mit wasserblauem Mantel und der goldenen Sternensichel zu ihren Füssen. Ihr irdisches Wachstum wird symbolisiert durch die roten Samen der übervollen Granatäpfel auf dem Vorhang im Hintergrund; im Vordergrund sitzt sie selber mit ihrer Spiritualität.

Individuelle Deutung

▶ Mögliche Fragen der HOHEPRIESTERIN:

▶ Wie steht es um dein Selbstvertrauen? ▶ Wer bist du? ▶ Lebst du im Einklang mit den Jahreszeiten? ▶ Bist du im Kontakt mit deiner inneren Weisheit? ▶ Was sagt deine innere Stimme zu einer dir wichtigen Angelegenheit? ▶ Beachtest du in deinem Leben die zyklischen Regeln des Mondes? ▶ Fügst du dich dem Auf und Ab der Natur ein? ▶ Lebst du nach deinen eigenen oder nach fremden Impulsen? ▶ Ist es in diesem Moment wirklich sinnvoll, auf andere zu hören? ▶ Ziehst du dich in dein Schneckenhaus zurück? ▶ Wartest du auf etwas und fühlst dich dabei gar nicht wohl? ▶ Solltest du deine Passivität aufgeben und aktiv werden? ▶ Pflegst du den Dialog mit deiner inneren Stimme? ▶ Bist du spirituell? ▶ Welche Werte und Gesetze leiten dich? ▶ Nimmst du dir die Freiheit, du selber zu sein? ▶ Isolierst du dich manchmal?

Auslegung zur Karte

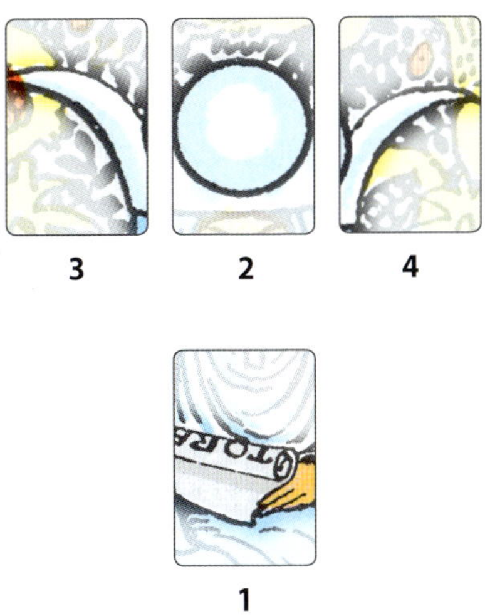

1 ▶ Dieses Thema leitet mich.
Das ist mir wertvoll.
Danach lebe ich.

2 ▶ Das ist der wichtige Hauptaspekt,
um den es jetzt geht.
Das soll ich zulassen.

3 ▶ Davon braucht es mehr.
Das soll zunehmen.

4 ▶ Davon braucht es weniger.
Das soll abnehmen.

III — Die HERRSCHERIN

»Wachstumsraum«

Auf den ersten Blick

◣ Gib dir und deinem Wachsen Raum. Gib allem Wachstum Raum. Lass Reife und Ernte zu. Bring Lebendiges auf die Welt und lass es blühen. ◣ Sei dir selber die beste Mutter, im Wachsen und im Trost.

Allgemeingültige Bedeutung

◣ Die HERRSCHERIN steht für Wachstum und Fruchtbarkeit auf allen Ebenen. Sie schöpft aus dem Vollen, aus der Natur selber, und ihr Reich ist das Reich der fünf Sinne. Sie ist sinnlich. Der Samen wurde gelegt und sie hat nun die Aufgabe, Raum und Zeit für Wachstum und Reife bereitzustellen. Sie ist die große Gebärerin und schenkt Geborgenheit und Zugehörigkeit. Wie eine Frau, die neun Monate lang schwanger ist, bevor ihr Kind auf die Welt kommt, so nimmt auch die Erde den Samen auf und schenkt ihm Raum. Sie lässt alle Pflanzen wachsen. Für sie gibt es die Bezeichnung Unkraut nicht. Sie gibt allem Raum, schränkt nicht ein.

◣ Die HERRSCHERIN ist nicht aktiv wie der MAGIER, auch nicht passiv wie die HOHEPRIESTERIN, sondern sie zeigt eine Art von Passivität im Sinne von Hingabe, dank der neues Leben entsteht. Das macht sie zur eigentlichen Erdgöttin, zur Erdmutter und auch zur Mutter Maria, die Jesus das Leben geschenkt und die Erde aus der Beschränkung erlöst hat.

◣ Die beiden Pole genügen also nicht, erst mit dem dritten Aspekt, der Bewegung dazwischen, pflanzt sich das Leben fort. Dieses Prinzip ist das große Wunder des Lebens. Das universelle Grundkonzept des Lebens kommt nur durch den Akt der Zeugung in Gang. Es ist immer göttlich. Vielleicht ist die unbefleckte Empfängnis in diesem Sinn zu verstehen. Mit dem fortschreitenden Wachstum von Generation zu Generation wird das Leben unsterblich und göttlich; der Mensch selber als Individuum bleibt sterblich.

◣ Die HERRSCHERIN ist der Archetyp der Mutter: Sie schenkt jedem ihrer Kinder das Leben und mit ihm zugleich auch den Tod.

Individuelle Deutung

◣ **Mögliche Fragen der HERRSCHERIN:**

◣ Genießt du die Fülle des Lebens? ◣ Lässt du dein persönliches Wachstum zu? ◣ Respektierst du, dass Wachstum Zeit braucht oder bist du ungeduldig? ◣ Lässt du dich durch eigene Impulse befruchten, damit du wachsen kannst? ◣ Begleitet dich das Leben selber zur Reife? ◣ Nimmst du dir deinen Raum, den du für ein gutes Leben benötigst? ◣ Behinderst du Wachstum, indem du an Altem und Abgelebtem festhältst? ◣ Kannst du andere Menschen nach ihren eigenen Wünschen wachsen lassen? ◣ Ist in deiner Welt Platz für alle? ◣ Befasst du dich im Moment mit der Mutter-Thematik in irgendeiner Form? Nimmst du dir Zeit, wenn du sie brauchst? ◣ Wie lebst du deine Weiblichkeit? ◣ Wie lebst du deine Mütterlichkeit? ◣ Hast du dich mit deiner Mutter versöhnt? ◣ Nährt dich das Leben? ◣ Bist du nährend? ◣ Bist du im Kontakt mit der Natur? ◣ Solltest du dir wieder einmal Blumen schenken?

Auslegung zur Karte

2

3

1

4

1 ◣ Dieses Mutterbild ist mir vermittelt worden. Das hat mich beeinflusst und als Kind geprägt.

2 ◣ So lebe ich meine eigene Mütterlichkeit. Das ist meine weibliche und Raum gebende Kraft.

3 ◣ So sieht meine Idealvorstellung des Mutterbildes aus. Das strebe ich bewusst oder unbewusst als Krönung an.

4 ◣ Diese ganz persönlichen weiblichen Anteile soll ich leben, fruchtbar machen und auf den Boden meiner Realität bringen.

IV — Der HERRSCHER

»Macht und Verantwortung«

Auf den ersten Blick

Gib deinem Leben Struktur und Halt und festige es. Sorg dafür, dass in deinem Bereich Sicherheit herrscht. Schütz dich vor Gefühlsausbrüchen und übernimm mit der Macht auch die Verantwortung für dein Umfeld. Sei väterlich.

Allgemeingültige Bedeutung

Der HERRSCHER trägt große Verantwortung für seinen Lebensbereich und seine Umwelt. Dafür braucht er Macht, nicht zum Selbstzweck, sondern um die Werte in seinem Umfeld zu wahren und zu hüten. Er ordnet, setzt Grenzen, vermittelt Sicherheit und stellt dafür Regeln auf. Er ist der Erbauer seines Reichs, wozu vieles gehört: andere Menschen, Begegnungen, Gegenstände.

Er muss den Überblick über all die einzelnen Aspekte seines Gebietes wahren und damit auch für ganz Alltägliches sorgen, wie z.B. Wohnen, Arbeiten, Zeiteinteilung, Planung der Finanzen und Sicherheit für alle. Pläne sind keine Luftschlösser, sondern strategisch durchdachte Vorgehensgrundlagen mit klaren Absichten.

Ohne eine gewisse Strenge, Ernsthaftigkeit und Durchsetzungskraft gelingen diese Aufgaben nicht. Deshalb kann der HERRSCHER es sich nicht leisten, verletzlich zu sein. Er muss sich mit seiner Rüstung vor Angriffen und Verunsicherungen schützen und seine Gefühle hinter seine Aufgabe und Rolle stellen. Nur so bewahrt er Klarheit über sein Reich und kann sich den Ansprüchen des Lebens stellen, seinen Freunden wie seinen Feinden mit Kraft und Weisheit begegnen.

Er vertritt den väterlichen Archetyp, der Grenzen setzt und erzieht.

Den Preis für die prestigeträchtige Macht zahlt er durch den Verlust der Freiheit, jederzeit zu tun, was ihm beliebt. Ob er jung ist oder alt, er muss Reife leben.

Individuelle Deutung

◣ **Mögliche Fragen des HERRSCHERS:**

◣ Ist es an der Zeit, deinem Leben eine gewisse Ordnung zu geben? ◣ Macht es dir Freude, für andere Verantwortung zu tragen? ◣ Trägst du die Verantwortung für deine ganze Umgebung mit Ernsthaftigkeit? ◣ Kannst du dich durchsetzen und auch einmal hart im Sinne von konsequent sein? ◣ Wie gehst du mit deiner natürlichen Macht um? ◣ Kannst du im Moment deine Gefühle etwas zurückstellen, um über ein gewisses Thema sachlicher nachzudenken? ◣ Bist du froh, dass im Moment nicht die Emotionen die Oberhand haben? ◣ Befasst du dich im Moment mit der Vater-Thematik? ◣ Wie lebst du deine Väterlichkeit? ◣ Gerätst du in Machtspiele? ◣ Darfst du machtvoll sein? ◣ Überschreitest du deine Kompetenzen? ◣ Ist es wirklich an dir, für all das zu sorgen? ◣ Welche Rolle lebst du in deiner Umgebung?

Auslegung zur Karte

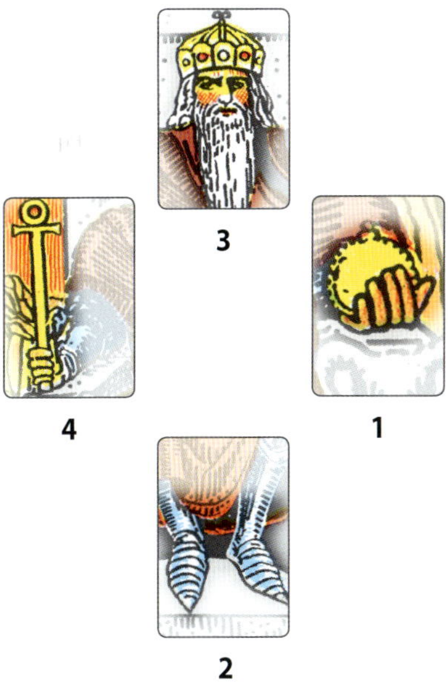

1 ◣ Das ist mein Thema. Damit soll ich etwas tun.
Das liegt jetzt ganz klar in meiner Hand.

2 ◣ Dieser Boden, diese Grundlage und Sicherheit sind unbedingt nötig, damit ich Schritte tun kann.

3 ◣ Mit dieser Macht, dieser Verantwortung und auch dieser Weisheit erreiche ich mehr.
Das ist meine Strategie.

4 ◣ Dies ist das angemessene Vorgehen im Zusammenhang mit meinem Thema.
So soll ich handeln.

V — Der HIEROPHANT

»Die Frage nach dem Lebenssinn«

Auf den ersten Blick

◣ Kennst du deinen momentanen Lebenssinn? Was ist heute und im Leben überhaupt wertvoll für dich? Lerne daraus und baue diese Gedanken, Träume und Werte in deinen Alltag ein. Gib diesem grundlegenden Wissen eine äußere Form, die dir und deinem Menschsein dient. ◣ Gib deinem Leben Sinn.

Allgemeingültige Bedeutung

◣ Der HIEROPHANT oder Hohepriester ist das spirituelle Oberhaupt auf Erden; er ist Papst, Dalai Lama, Medizinmann und Schamane. Er ist der Verkünder spiritueller Weisheit aus Berufung und von Herzen.

◣ Er ist nicht passiv und zurückgezogen wie die HOHEPRIESTERIN, sondern spricht zu den Menschen, predigt und überlässt es ihnen, ob sie ihm zuhören oder nicht.

◣ Drei Finger seiner rechten Hand sind geöffnet, zwei verdeckt. Mit dieser Geste unterstreicht er seine Verkündigung: »Wahrlich ich sage euch, das Leben besteht aus dem, was offenbar und dem was verborgen ist!«

◣ Beides, sowohl der bewusste als auch der unbewusste Teil, gehört zum Menschsein. Jeder Mensch ist gleichzeitig Schüler und Lehrer, also beiden Rollen zughörig. Lehren ist nicht möglich ohne Lernen und Lernen ist nicht möglich ohne Lehren. Nur der anregende Austausch macht wahres soziales und spirituelles Wachsen aus, sonst bleibt es Forschung am Objekt. Erst durch Integration der beiden Ebenen der bildhaften Hierarchie zwischen Priester und Novize kann der Mensch wählen und die Rollen wechseln.

◣ Wenn aber Lehre zum Dogma wird, ist der Fluss von Lehren und Lernen unterbunden und wird nicht mehr vom Herzen sondern vom Machtanspruch dominiert. Auch wenn umgekehrt Lernen zur Unterwürfigkeit wird, ist geistiges Wachstum ausgeschlossen.

◣ Die Botschaft des HIEROPHANTEN gilt, wie die Essenz aller Religionen, der Sinnfrage: Woher kommen wir, wozu sind wir hier auf Erden und wohin gehen wir nach unserem Tod? Er spricht über den sinnvollen Lebensweg hin zu einer bewussten und ganzheitlichen Existenz, über den Individuationsweg. ◣ Alle Kreuze zeigen immer das Symbol der Vereinigung der Gegensätze und damit deren Aufhebung. Nur so ist Frieden möglich.

Individuelle Deutung

◣ Mögliche Fragen des HIEROPHANTEN:

◣ Lernst du gerne? ◣ Bist du offen für neue Gedanken und Impulse? ◣ Verwebst du neu Gelerntes in deinen eigenen Wissens- und Daseinsteppich? ◣ Bist du bereit, Neues zu lernen aber auch, anderen Neues zu vermitteln? ◣ Hinterfragst du neu Gelerntes mit deinem Herzen und deinem Verstand? ◣ Suchst du die Ergänzung durch andere Ansichten oder bekämpfst du sie als fremd? ◣ Weißt du alles besser als die andern und fühlst dich dadurch gut? ◣ Weißt du nicht so viel wie die andern und fühlst dich deshalb schlecht? ◣ Kannst du die beiden Ebenen von Mitteilen und Zuhören verbinden? ◣ Meditierst du gerne ab und zu über den Sinn deines Lebens? ◣ Sprechen dich Themen über Gott und die Welt an? ◣ Pflegst du deine Spiritualität? ◣ Glaubst du an das Göttliche? ◣ Was ist der Sinn in deinem Leben? ◣ Welchen Sinn gibst du deinem Alltag? ◣ Schenkst du deine Weisheit weiter?

Auslegung zur Karte

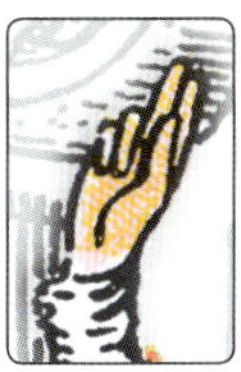
1

2

3

5

4

1 ◣ Die Offenbarung.
Dieses bedeutende Thema soll mir eröffnet werden.

2 ◣ Die Kraft meines Glaubens.
So glaube ich an das Thema.

3 ◣ Das will leben und blühen. Das soll ich erkennen und reifen lassen.

4 ◣ Das ist die Art meines Denkens.
Dieser Gedanke ist zu beachten.

5 ◣ Das ist der Schlüssel des Wissens.
Damit geht mir ein Licht auf.

VI — Die LIEBENDEN

»Herzens-entscheidung«

Auf den ersten Blick

◣ Hör auf die Stimme deines Herzens und lass sie allein entscheiden, auch wenn es unvernünftig scheint. Nur so überschreitest du die Grenze des Gewohnten in ein neues wunderbares Land, das Land deines Herzens und deiner Gefühle. ◣ Fass dir ein Herz!

Allgemeingültige Bedeutung

◣ Die LIEBENDEN verlassen aus freier Wahl ein ihnen vertrautes Gelände, eine paradiesisch anmutende Umgebung, etwas Gewohntes und Nährendes zu Gunsten eines unbekannten fremden Landes. Jetzt ist es angezeigt, nackt, also noch ohne Sicherheit und erprobte Identität selber in der Welt Erfahrungen zu sammeln und Erkenntnis zu gewinnen. Es ist das Gefühl oder die Stimme des Herzens, die jetzt die Trennung von Altbewährtem erleichtert, ja sie sogar fordert.

◣ Wenn die Menschen sich symbolisch verlieben oder Feuer fangen für etwas Neues, treibt sie eine große Neugierde aus dem Schneckenhaus heraus direkt ins sprudelnde Leben hinein. Das Herz treibt sie aus dem Haus der Sicherheit.

◣ Die LIEBENDEN zeigen eine Beziehungsthematik an: Beziehung zu anderen Menschen, zum Leben und auch Beziehung zu sich selber. Der Mann auf dem Bild hat das Feuer, den Samen zur Zeugung; die Frau hat die Frucht, die Fruchtbarkeit. Der Berg trennt sie, macht sie zu zwei unterschiedlichen Menschen, doch was trennt verbindet auch.

◣ Wir Menschen haben grundsätzlich ein starkes Harmoniebedürfnis und sind deshalb oft hin und her gerissen zwischen dem Gefühl, dem Frieden zuliebe bleiben zu müssen und dem Wunsch, dem eigenen Feuer zu folgen und zu gehen. Es ist die Konfrontation zwischen Vernunft und Herz, die jetzt ausgetragen werden muss und die vom Herzen gewonnen werden soll. Es ist die Karte des Herzens, der wir jetzt folgen sollen.

◣ Der Engel gibt den beiden Menschen Geleit und damit auch den Segen. Die Sonne scheint und wird es an den Tag bringen, was der richtige Weg ist.

◣ Menschen sind Weggänger, keine Stubenhocker. Der Entwicklungsweg ruft mit kraftvoller Stimme.

Individuelle Deutung

Mögliche Fragen der LIEBENDEN

◣ Liebst du Harmonie und Eintracht? ◣ Wo zieht dich dein Herz hin? ◣ Erlaubt dir der Kopf, die Richtung des Gefühls einzuschlagen? ◣ Bist du dir bewusst, welchen Preis du für das Verlassen des Gewohnten bezahlen wirst? ◣ Bist du bereit, ins Abenteuer des Lebens zu treten? ◣ Vertraust du deiner Herzensentscheidung? ◣ Vertraust du auf die Zukunft, auch ohne zu wissen, was sie dir bringt? ◣ Hast du Feuer gefangen und drängt es dich zur Veränderung? ◣ Kannst du dich auf das Neue einlassen und vorübergehend etwas die Kontrolle aus der Hand geben? ◣ Stört dein Kopf deine intuitive Herzensentscheidung? ◣ Weichst du um des lieben Friedens willen Konfrontationen aus? ◣ Hast du bei deiner Entscheidung nicht doch wieder das Alte gewählt? ◣ In wen oder was hast du dich verliebt? ◣ Darf dein Herz eine wichtige Stimme in deinem Leben haben? ◣ Bist du harmoniesüchtig? ◣ Kennst du die Stimme deines Herzens? ◣ Vertraust du deinen Gefühlen? ◣ Klebst du an Mutters Rockzipfel? ◣ Bist du im goldenen Käfig und sehnst dich nach Freiheit?

Auslegung zur Karte

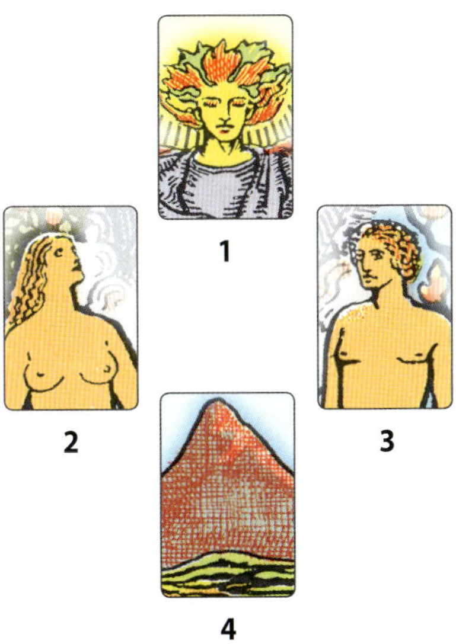

1 ◣ Das ist mein Idealbild, meine Vorstellung von Liebe.

2 ◣ So sieht das Frau-Sein aus meiner Sicht aus.

3 ◣ So sieht das Mann-Sein aus meiner Sicht aus.

4 ◣ Das ist das Verbindende, das Trennende. So sieht die realistische Beziehung aus.

VII — Der WAGEN

»Aufbruch zum Erfolg«

Auf den ersten Blick

Wichtig ist, dass du vorwärts gehst, die Zügel fest in deinen beiden Händen. Unterscheide links und rechts, vorne und hinten und wisse wohin du willst, aber auch was du verlässt. So wird dein Unterwegssein eine Reise zum Erfolg.

Allgemeingültige Bedeutung

Der WAGEN-Lenker ist in seiner vollen Kraft und bricht zu neuen Taten auf. Altes lässt er hinter den Stadtmauern zurück. Er braucht Konzentration und Ausdauer, um die Zügel so zu führen, dass sein Gefährt auch wirklich geradeaus fährt und sich nicht im Kreisen um die eigene Achse verliert.

Die beiden Zugtiere sind verschieden und brauchen unterschiedliche Führung. Wenn er es versteht, die beiden Zügel so zu führen, wie es jedes seiner Zugtiere erfordert, wird er Herr über die Polaritäten und fährt seiner Karriere zielbewusst entgegen.

Er will seine Fähigkeiten, seine Ressourcen leben, sie der Welt zur Verfügung stellen und damit auch Erfolg ernten. Nur wenn er mit den Unterschieden umzugehen weiß, lenkt er sinnvoll.

Der WAGEN ist jedoch nicht nur im Spannungsfeld zwischen links und rechts, sondern bewegt sich auch in der Dynamik zwischen vorher und nachher, zwischen vor und hinter oder zwischen weg von und hin zu. Die WAGEN-Lenkerin oder der WAGEN-Lenker ist also im Kräftefeld an einem Kreuzpunkt angelangt, den es gut zu kontrollieren und dessen Zeichen es zu erkennen gilt.

Das rote Symbol der Vereinigung unter der geflügelten Sonne vorne am Wagen zeigt das noch ferne Ziel der Reise an. Denn noch ist der Lenker unterwegs, und bevor er vereinen kann, muss er die Unterschiede erkennen und entsprechend mit ihnen umgehen.

Der WAGEN bietet nur Platz für einen Menschen. Damit ist der alleinige Machtbereich angedeutet. Auch der Ruhm gebührt ihm allein.

Das Ziel des WAGENS ist Erfolg, und der Weg dorthin ist Disziplin.

◣ Achtung: Bei überhöhter Geschwindigkeit und Nichtbeachten der Vorschriften können Unfälle passieren!

Individuelle Deutung

◣ Mögliche Fragen des WAGENS:

◣ Erlaubst du dir, gut zu sein? ◣ Bist du stolz auf dich? ◣ Freust du dich über deine Erfolge? ◣ Spürst du deine große Kraft und deinen Tatendrang? ◣ Freust du dich über deine Ausstrahlung? ◣ Hast du dein Vorhaben im Griff oder entgleiten dir die Zügel? ◣ Bist du bereit, auf deinem Lebensweg vorwärts zu gehen, auch wenn du die Verantwortung allein trägst? ◣ Überrollt dich deine eigene Ungeduld und wärst du vielleicht sogar schneller, wenn du langsamer fahren würdest? ◣ Machst du Karriere? ◣ Kennst du deinen Führungsanspruch? ◣ Spornt dich Konkurrenz an? ◣ Traust du dir etwas zu? ◣ Drehst du dich im Kreise und findest entweder die Bremse oder den Vorwärtsgang nicht mehr? ◣ Bist du wirklich bereit, das Alte zurückzulassen? ◣ Ist dir bewusst, was du zurücklässt? ◣ Bist du ein Workaholic? ◣ Gibt es in deinem Leben äußerlich viel Bewegung, um den inneren Stillstand zu verdrängen? ◣ Solltest du die Zügel endlich aufnehmen? ◣ Bremst dich die Forderung nach Aktivität?

Auslegung zur Karte

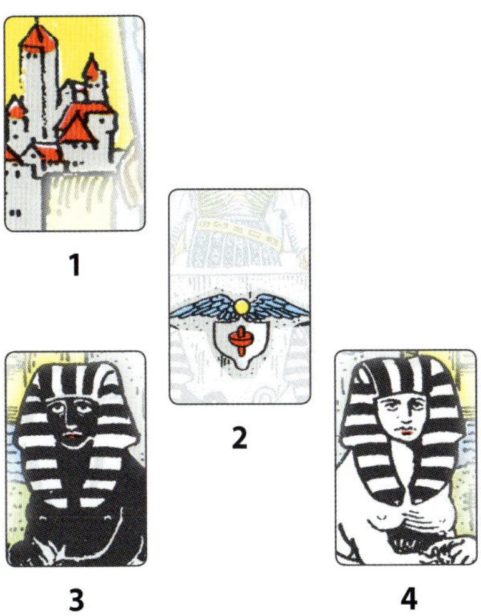

1 ◣ Es ist gut, dieses alte Muster hinter mir zu lassen, es zu verlassen.

2 ◣ Es ist gut, darauf hinzusteuern. Meine neue Perspektive

3 ◣ Das soll ich für meinen Weg aktiv tun.

4 ◣ Das soll ich für meinen Weg passiv zulassen.

VIII — GERECHTIGKEIT*

»Bewusst denken und handeln«

Auf den ersten Blick

◣ Nutze all deine Wahrnehmungsfenster, um dir und der Welt gerecht zu werden. Wäge ab und entscheide dich und wisse, dass du bei jeder Entscheidung nur etwas gewinnen kannst, wenn du auch bereit bist, etwas zu verlieren. ◣ Übernimm die Verantwortung für die Konsequenzen deines Tuns!

Allgemeingültige Bedeutung

◣ Die GERECHTIGKEIT verkörpert die Gesetze der Welt, die nicht mit den rechtsstaatlichen Gesetzen zu verwechseln sind.

◣ Die GERECHTIGKEIT fordert von den Menschen Eigenverantwortung und eine bewusste Auseinandersetzung mit dem Leben überhaupt. Was anderen in irgendeiner Form angetan wird, im Guten wie im Bösen, zeigt immer eine Resonanz. Wie man in den Wald hineinruft, so schallt es heraus, weiß schon der Volksmund. Gerecht sein heißt, zugleich mir selber und der Umwelt gerecht werden. Nur so zeige ich, wer ich bin, lasse klare Orientierung zu, und die Menschen wissen, woran sie in der Begegnung mit mir sind. Die Verantwortlichkeit liegt somit bei jedem erwachsenen Menschen selber. Er kann sie nicht delegieren, und es gibt keinen Bonus mehr wie bei den Kindern, die einfach um ihrer selbst geliebt werden, egal wie sie sich benehmen. Erwachsensein ist gefragt und damit der bewusste Umgang mit den eigenen Trieben.

◣ Die GERECHTIGKEIT fordert Denken und Handeln aus einem Verantwortungsgefühl heraus. Zuerst sollen über die Wahrnehmung alle Aspekte erkannt und dann die Wirkung möglichen Handelns abgewogen werden.

◣ Waage und Schwert zeigen, dass Messen und Schneiden zusammengehören und die Kopfentscheidung ausmachen. Bei jeder Entscheidung wird etwas gewonnen und etwas verloren; dies muss bewusst analysiert werden.

◣ Es geht nicht in erster Linie darum, die absolut richtige Entscheidung zu treffen, sondern darum, ob wir die möglichen Konsequenzen der Entscheidung verantworten und tragen können. Ob die Entscheidung richtig war, zeigt sich immer erst im Nachhinein.

** Hinweis zum Wechsel der Karten-Nummern VIII und XI siehe Seite 20/21*

Individuelle Deutung

◣ Mögliche Fragen der GERECHTIGKEIT:

◣ Wirst du dir gerecht? ◣ Wirst du dem Leben und der Welt gerecht? ◣ Wird das Leben dir gerecht? ◣ Ist dir bewusst, dass bei jeder Entscheidung etwas verloren geht, du aber nur so etwas gewinnen kannst? ◣ Übernimmst du die Verantwortung für die Konsequenzen deines Tuns? ◣ Was fördert deine Entscheidungsfähigkeit und was behindert sie? ◣ Überprüfe für dich, ob du auf dem rechten, dem richtigen Weg bist! ◣ Fühlst du dich erwachsen und selbstständig? ◣ Kannst du vor lauter Abwägen gar nicht entscheiden? ◣ Entscheidest du impulsiv ohne abzuwägen? ◣ Drückt dich die Verantwortung? ◣ Wie nimmst du die Welt wahr? ◣ Bist du erwachsen? ◣ Was heißt für dich erwachsen sein? ◣ Lebst du dein Leben bewusst? ◣ Machst du dir Gedanken über die Gerechtigkeit in der Welt?

Auslegung zur Karte

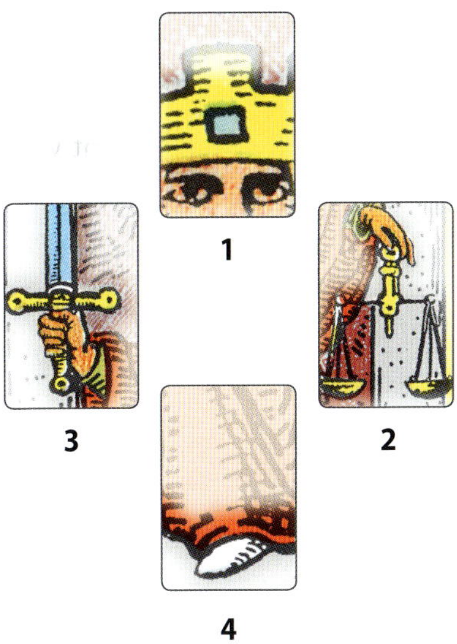

1 ◣ All diese Aspekte soll ich in meiner (Entscheidungs-) Thematik bewusst erkennen, alle Details und auch das Ganze wahrnehmen.

2 ◣ In dieser Art und Weise soll ich Vor- und Nachteile und alle Möglichkeiten abwägen.

3 ◣ Mit dieser Energie soll ich schneiden, das mir Wichtige wählen und den Rest loslassen.

4 ◣ Mit diesen Konsequenzen meines Tuns muss ich rechnen. Damit bin ich auf dem richtigen Weg.

IX — Der EREMIT

»Ich bin auf meinem Weg«

Auf den ersten Blick

Geh deinen eigenen Weg und bleib dir treu. Nur du erahnst, wohin dein Leitstern dich führt. Folge ihm und lass dich nicht durch die äußere Welt ablenken.

Allgemeingültige Bedeutung

Der EREMIT wendet sich von der Gesellschaft ab und geht seinen Weg. Das heißt im täglichen Leben natürlich nicht, dass er sich von allem trennen muss. Es heißt, dass nur er seinen Weg gehen kann, weil dieser persönliche Weg einzigartig ist und nicht mit anderen persönlichen Wegen verglichen werden kann. Diese Erkenntnis schenkt uns der EREMIT mit seiner Reife und Weisheit.

Das Thema des eigenen Weges lässt sich auch inmitten der gewohnten Umgebung angehen. Der EREMIT lässt sich durch niemanden und durch nichts stören. Nur so kann er seine Richtung finden. Er schützt sich durch den aufmerksamen Blick nach innen vor Einwänden, fremden Ratschlägen und anderen Ablenkungen. Dazu zieht er symbolisch die Kapuze über den Kopf, verkleinert damit die Breite seines Blickfeldes und verschließt die Ohren. Seine Weisheit ist in seinem Innern, und nur dort nimmt er den Leitstern wahr, den Wegweiser, dem er unbeirrt folgt. Der Leitstern seiner tiefen Ahnungen führt ihn auf seinem Entwicklungsweg vorwärts.

Diese Karte bezeichnet eher introvertiertere Momente, die zentrieren und in denen wir uns nicht ablenken lassen.

Der EREMIT besitzt die Erkenntnis der eigenen Identität. Er ist auf dem Weg zu sich selber und weiß in der Tiefe seines Denkens, Fühlens und Handelns, wer er ist und welcher Absicht er folgen will. Er braucht dazu keine bestätigende Gesellschaft; er fühlt sich gut mit sich.

Der EREMIT bedeutet nicht Einsamkeit, sondern mit dem All eins sein. Er bringt uns mit unserer eigenen Lebensfähigkeit und spirituellen Verankerung in Kontakt.

◣ In der Situation des EREMITEN ist es für jeden Menschen wichtig, die Grenze zwischen echtem Rückzug und verdrängender Flucht zu spüren.

◣ Der EREMIT ist auf seinem Weg wie die heiligen drei Könige, die dem Stern bis nach Bethlehem folgten, um Jesus, den neuen König oder in der Tarot-Sprache das neue ICH, zu finden.

Individuelle Deutung

◣ Mögliche Fragen des EREMITEN:

◣ Bist du gern allein und nimmst dir Zeit für dich? ◣ Hast du Kontakt zu deinem Leitstern? Kennst du ihn? ◣ Lässt du dich von deinem Leitstern führen? ◣ Kannst du mit dir allein sein ohne dich einsam zu fühlen? ◣ Vertraust du deiner inneren Stimme, deiner Erfahrung und Kompetenz? ◣ Bist du in deinem Leben selbstständig? ◣ Identifizierst du dich mit deinem Namen? ◣ Glaubst du an dich? ◣ Kannst du das Alleinsein genießen? ◣ Hast du ein schlechtes Gewissen, wenn du dich zurückziehst? ◣ Ziehst du dich zurück anstatt dich dem Leben zu stellen? ◣ Bist du allein oder einsam? ◣ Was zeigt sich in deinem Ahnungsfenster? ◣ Welchem guten Stern folgst du? ◣ Wer bist du? ◣ Welche Weisheit leitet dich? ◣ Welcher Absicht folgst du?

Auslegung zur Karte

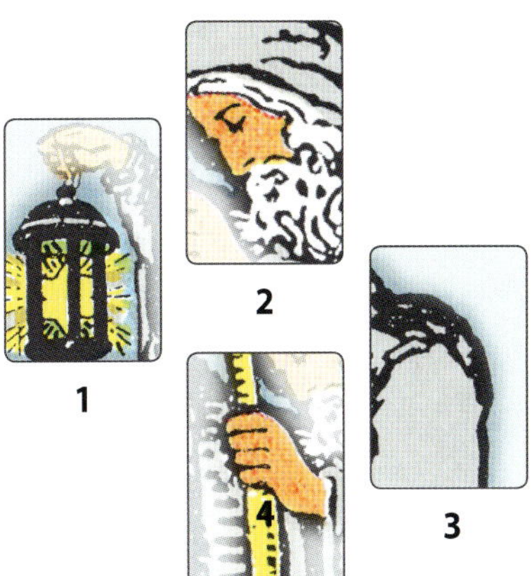

1 ◣ Mein Leitstern; dieser Richtung soll ich folgen.

2 ◣ Das bin ich in meiner eigenen Wahrheit.

3 ◣ Das muss ich endgültig zurücklassen.

4 ◣ Diesen Halt brauche ich auf meinem Weg

X — RAD des SCHICKSALS

»Lebensrätsel«

Auf den ersten Blick

Du hast keine Kontrolle über das Leben und du kannst es auch nicht nach deinem Willen steuern. Du kannst nichts erzwingen und nichts verhindern. Die Welt hat heute etwas anderes mit dir vor. Lass dich vom Leben überraschen.

Allgemeingültige Bedeutung

Das RAD DES SCHICKSALS dreht uns Menschen immer wieder aus der Klarheit des Verstandes in die Lebendigkeit des Nicht- oder Noch-nicht-Wissens hinein. Es dreht uns von den Karten des Tagesbogens I – IX in die Karten des Nachtbogens XI – XVIII hinein.

Das RAD ist die Lebenskarte selber, welche uns zum vielfältigen Sein hinführt. Deshalb habe ich sie auch zum Titelmotiv dieses Buches gewählt.

Das RAD zeigt Möglichkeiten auf, wie wir mit Impulsen, die von außen kommen, umgehen können: durchdrehen, mitschwingen, blockieren, leerlaufen, überrollen, ausgewogen zentrieren, runddrehen, auf Hindernisse auffahren und so weiter.

Schicksal ist nicht zwingend als negative Auswirkung auf das Leben zu verstehen; überflüssig ist auch eine Bezeichnung wie Glücksrad als Versuch, das Schicksal zu steuern. Es ist die Vorsehung, das, was das Leben mit uns vorhat, zu was es uns vorsieht.

Die Sphinx ist die Hüterin unseres Schicksals. Sie sitzt auf dem Rad; ihr und dem Schicksal kann man nie ausweichen, und wenn wir es versuchen, so ereilt es uns gerade deshalb. Die Sphinx trägt das Schwert der Entscheidung. Sie hat die Kontrolle über das Leben.

Das RAD zeigt durch seine Bewegung viel Neues und auch Unerwartetes. Es spielt dem Menschen die Rätsel des Lebens als Ball zu.

Beim RAD geht es nicht um Planen und Kontrollieren, sondern um Zulassen und darum, sich von der Eigendynamik des Lebens überraschen zu lassen. Das Rad belebt und bereichert unser Leben mit Unerwartetem und Ungedachtem.

◣ In den vier Ecken des Bildes sind, sozusagen beflügelt ins Studium aller Möglichkeiten des Lebens vertieft, die symbolischen Verkörperungen der vier Elemente oder auch der vier Evangelisten:

Löwe	Element Feuer	Evangelist Markus
Stier	Element Erde	Evangelist Lukas
Engel	Element Luft	Evangelist Matthäus
Adler (transformiert aus Skorpion)	Element Wasser	Evangelist Johannes

Das Geheimnis des Lebens offenbart sich im Rad auch mit dem folgenden Satz:

ROTA	**TARO**	**ORAT**	**TORA**	**ATOR**
Das Rad	**des Tarot/Lebens**	**verkündet**	**das Gesetz**	**der (H)Ator** (Göttin des Chaos)

Individuelle Deutung

Mögliche Fragen des RAD des SCHICKSALS:

◣ Bist du offen für die Überraschungen des Lebens? ◣ Lässt du dich vom Schwung des Lebens aus festgefahrenen Bahnen werfen? ◣ Erfreust du dich am Rätsel des Lebens? ◣ Macht dir das Unbekannte Angst? ◣ Spürst du, dass etwas auf dich zukommt? ◣ Wirbelt dich das Leben im Kreis herum? ◣ Bist du in deiner Bewegung blockiert? ◣ Erliegst du jedem noch so kleinen Wink des Schicksals? ◣ Jagst du von Ereignis zu Ereignis? ◣ Findest du deinen Ruhepol auch in einer hektischen Welt? ◣ Nimmst du an, was dir das Leben bietet? ◣ Verlierst du die Kontrolle? ◣ Welche Überraschung hat das Leben wohl für dich bereit? ◣ Bist du bereit für Veränderung? ◣ Nimmst du das Schicksal an? ◣ Haderst du mit deinem Schicksal?

Auslegung zur Karte

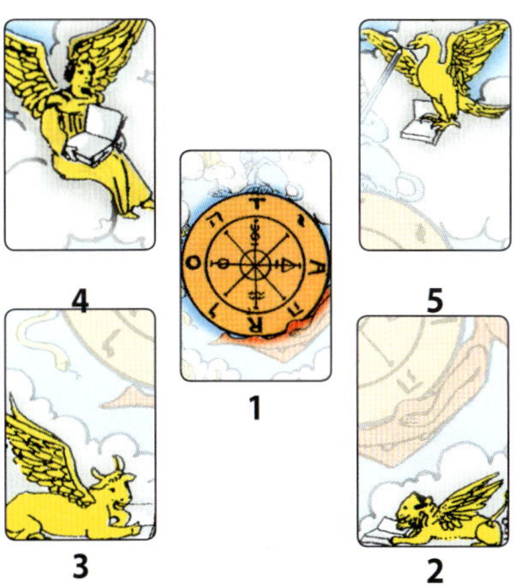

1 ◣ Mein Lebensrätsel. Darum dreht sich im Moment alles.

2 ◣ Das inspiriert mich zur Lösung des Rätsels.

3 ◣ Das gibt mir Halt und Sicherheit im Unklaren.

4 ◣ Diese Gedanken soll ich weiterverfolgen.

5 ◣ Diese Gefühle soll ich ernst nehmen und leben.

XI — KRAFT*

»Im Einklang mit den Kräften«

Auf den ersten Blick

◣ Du stärkst oder schwächst dich selber mit deinen eigenen Auf- oder Abwertungen. Gib auch deinen Schwächen eine Heimat, denn erst sie machen dich zum ganzen Menschen, der eben so ist wie nur du bist. ◣ Sei im Einklang mit all deinen Kräften.

Allgemeingültige Bedeutung

◣ Mit dieser Karte beginnt der Nachtbogen, der weibliche Zyklus durch die Karten der großen Arkana. Damit ändern sich auch die Gesetze.

◣ Diese Art von KRAFT ist weder berechenbar, noch ist sie sich einfach anzutrainieren, sondern es ist eine KRAFT, die in ihrer Ganzheitlichkeit zugelassen werden muss, damit sie wirksam wird. Wenn wir ungeliebte Merkmale und Eigenheiten von uns abspalten, verlieren wir diese KRAFT.

◣ Verbinden wir jedoch alle unsere Wesenszüge miteinander, so werden wir gestärkt und gewinnen dadurch an Selbstwertgefühl, Lebensfreude und Lebenslust.

◣ Das Prinzip der Gegengeschlechtlichkeit, das scheinbar ungleiche und labile Kräfteverhältnis zwischen den Gegensätzen, wird im Bild mit der Begegnung zwischen dem wilden Löwen und der zarten Frau ausgedrückt. Auf den ersten Blick ist es eine unwirkliche und dennoch mögliche Begegnung der zwei Seelen in unserer Brust. C. G. Jung nennt sie Animus bzw. Anima und bezeichnet damit den männlichen Teil in der Frau bzw. den weiblichen Teil im Mann. Nicht im Kampf zwischen den zwei Seelen in meiner Brust, zwischen den Geschlechtern, liegt Erfolg, sondern nur in der Hingabe und Annahme von beiden, in der Integration. Annehmen, damit es uns nicht auffrisst. Dem abgewerteten Teil, der vielleicht allzu lange krampfhaft verdrängt wurde, soll eine Heimat gegeben werden; er soll zugehörig werden und zur Freude am Leben sowie zum Ausdruck dieser Lebensfreude hinwachsen.

◣ Immer wieder von neuem fordert uns die KRAFT heraus, unser inneres Gleichgewicht, unser Selbstwertgefühl, aufzurichten. Das ist keine Frage der

** Hinweis zum Wechsel der Karten-Nummern VIII und XI siehe Seite 20/21*

Vernunft, sondern nur durch Hingabe, Vertrauen und Wertschätzung möglich. Wertschätzung beginnt stets bei uns selbst.

Individuelle Deutung

◣ Mögliche Fragen der KRAFT:

◣ Akzeptierst du dich, so wie du bist? ◣ Wehrst du Seiten in dir ab, die auch zu dir gehören und dir lieb sein könnten? ◣ Freust du dich mit all deinen Sinnen des Lebens? ◣ Fühlst du zwei Seelen in deiner Brust, die noch nichts miteinander zu tun haben, die sich aber kennen lernen möchten? ◣ Wertest du dich im Vergleich mit andern ab? ◣ Welche deiner Eigenschaften anerkennst du nicht? ◣ Wertest du andere Menschen ab? ◣ Sind deine weiblichen und männlichen Kräfte in dir verbunden? ◣ Fürchtest du deine innere wilde Bestie oder kannst du ihre Kraft nutzbringend einsetzen? ◣ Ist dir deine Sanftheit bekannt und hast du sie auch lieb? ◣ Kennst du deine wilde Seite? ◣ Wenn du ein Tier wärst, welches? ◣ Ist etwas Lustvolles in deinem Leben angezeigt? ◣ Fühlst du dich geschwächt und brauchst kräftigende Selbstakzeptanz? ◣ Wie steht es mit deinem Selbstwertgefühl?

Auslegung zur Karte

1 ◣ So sieht mein angepasster Teil aus. So bin ich weiblich.

2 ◣ So sieht mein ungezähmter Teil aus. So bin ich männlich.

3 ◣ Das hilft mir, meine beiden Teile zusammenzubringen. So gelingt es mir.

4 ◣ Meine Sehnsucht. Da möchte ich hinwachsen.

XII — Der GEHÄNGTE

»Krise als Chance«

Auf den ersten Blick

Jede Krise dient einer Chance. Wehre dich nicht länger dagegen, sondern ergib dich. Die Lösung ist reif und sie ist viel naheliegender als du denkst.

Allgemeingültige Bedeutung

Der GEHÄNGTE oder der durchhängende Mensch zeigt eine Krise an. Aber nur dadurch wird sich endlich etwas wandeln. Es ist unbequem, in dieser Art und Weise unfreiwillig zur Passivität gezwungen zu sein.

Der GEHÄNGTE ist nicht verurteilt und hängt am Galgen, sondern er ist kopfunter an ein von grünen Blättern bekränztes Balkenkreuz gebunden. Er hängt am Leben, am Lebendigsein, das doch in seiner Vorstellung momentan unerreichbar scheint.

Die Beine in der Form eines roten Kreuzes oder einer umgekehrten Vier verweisen auf Bodenständigkeit, sind jedoch weit davon entfernt, Schritte tun zu können. Die himmelblau bekleideten Arme sind zur Untätigkeit verbannt, auf dem Rücken in Form eines Dreieckes verschränkt; die Hände sind unsichtbar. Kein Nach-den-Sternen-Greifen, kein Handeln ist mehr möglich.

Der Schein der Sonne zeigt wie nah die Erleuchtung oder Erkenntnis liegt. Aber die Sonnenklarheit ist noch im Keller der menschlichen Erkenntnisfähigkeit; sie beleuchtet erst das ganz Naheliegende, und Augen und Ohren sind in diesem Moment dem Wesentlichen, der Erde am nächsten.

Wenn der GEHÄNGTE sich dagegen wehrt, kann er nur strampeln und wird sich seiner Krise genau dadurch noch bewusster. Er muss so lange hängen, bis sich die Einsicht in die Nutzlosigkeit des Aufbäumens einstellt und die scheinbar hoffnungslose Situation einfach akzeptiert wird. Alles scheint verkehrt zu sein. Der Himmel ist fern, die Gedanken drängen zu Boden und doch ist kein fester Boden mehr unter den Füßen. Sicherheit gibt es nicht.

Erst jetzt ist der Mensch reif, die neue Sichtweise, die nur aus dieser Perspektive möglich ist, zu entdecken. Die Welt sieht kopfunter betrachtet anders aus. Wachstum in die Tiefe, Krise als Chance oder die Reifeprüfung stehen hier an.

Individuelle Deutung

◣ **Mögliche Fragen des GEHÄNGTEN:**

◣ Fühlst du dich von jemandem oder von etwas hängen gelassen? ◣ Wehrst du dich gegen das Loslassen von alten Mustern? Und hilft dir dieses Wehren nichts, sondern macht es vielleicht sogar alles noch schlimmer? ◣ Bist du in einer Krise, in einer Lage, die dich fast verzweifeln lässt? ◣ Suchst du gerade einen neuen Lebenssinn? ◣ Steckst du vielleicht in einer Midlife-Crisis? ◣ Schaffst du es, dich hängen und überraschen zu lassen, wie und wo sich deine Sichtweise ändert? ◣ Bist du froh um eine erholsame Pause? ◣ Solltest du in einer bestimmten Situation gar nicht reagieren? ◣ Ist Rückzug in die eigene innere Mitte angezeigt? ◣ Wäre Meditation und dich einmal einfach hängen zu lassen eine Alternative zum hektischen Alltag? ◣ Könntest du in der Hängematte des Lebens Entspannung finden? ◣ Welcher Sichtwechsel ist angezeigt? ◣ Bist du verkehrt oder ist es die Welt? ◣ Wer oder was lässt dich so hängen? ◣ Wen lässt du hängen? ◣ Brauchst du ein Time-out?

Auslegung zur Karte

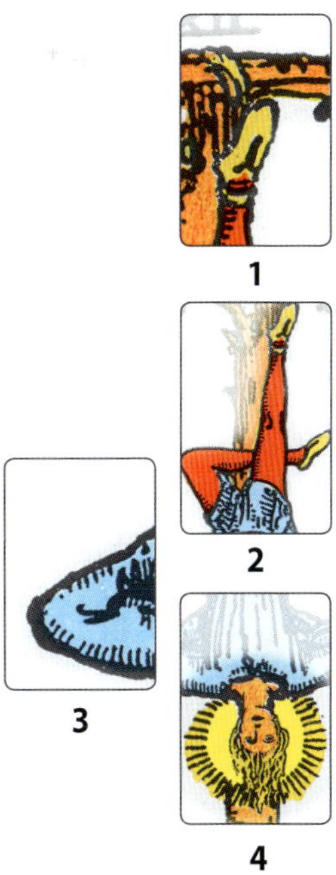

1 ◣ Daran hänge ich fest. Das hält mich in der unbequemen Lage unabänderlich fest. Das muss ich aushalten, bis ich erkenne.

2 ◣ Das hängt in der Luft und will Boden, will stehen. Vielleicht ein neuer Samen?

3 ◣ Das ist mein Handeln, welches noch gebunden ist. Damit bin ich handlungsunfähig.

4 ◣ Das soll ich umkehren. So soll ich meine bisherige Sichtweise ändern. Es ist vermutlich das Naheliegende.

XIII — TOD

»Konfrontation mit der Endgültigkeit«

Auf den ersten Blick

◣ Eine echte Veränderung ist wie ein Schnitt im Leben. Es ist nachher nie mehr so wie vorher. Was du auch immer verlierst, es ist ein Abschied, der seine angemessene Verarbeitungs- oder Trauerzeit benötigt, damit die Sonne neu aufgehen kann.

Allgemeingültige Bedeutung

◣ Der TOD steht mitten im Leben, unbarmherzig und erlösend zugleich. Er konfrontiert uns mit der Begrenzung, der Endlichkeit und schreitet unausweichlich voran, hört kein Bitten.

◣ Der TOD hat keine Ohren und keine Augen, keine Nase und keinen Mund.

◣ Vor der Energie des TODES sind alle gleich; da gibt es keine Hierarchien mehr. Keine Krone, kein Bischofsstab und kein Betteln bewahren die Menschen vor dem Sterben. Hier geht es um das Loslassen eines Stücks Ego, welches unserer Reife nicht mehr entspricht. Dieser Verlust ist spürbar und muss verschmerzt werden. Etwas geht verloren und muss betrauert oder verabschiedet werden. Wenn wir allzu stark am Alten festhalten, gibt es keine Neubelebung.

◣ Die Karte TOD bedeutet auch, dass ein einschneidendes Ereignis unerwartet passiert ist oder passieren wird. Es bedeutet einen unwiederbringlichen Verlust, der zugleich traurig macht und befreiend wirkt. Aufräumen und aufgeräumt sein ist das Ziel.

◣ Beim TOD geht es nicht um Aufschiebbares, sondern immer um Endgültiges. Nur wer die Endgültigkeit des Todes akzeptiert, ist fähig etwas Neuem das Leben zu schenken. Es ist nachher nie mehr so wie es vorher war.

◣ Der TOD ist keine Abwechslung, sondern immer eine radikale Veränderung. Alle Tarotkarten sind stets symbolisch zu verstehen. Bei der Karte TOD jedoch schleicht sich oft ein Gefühl der Angst vor physischem Tod ein und ein leichtes Schaudern ist spürbar. Denn, auch wenn man »nur« symbolisch das Leben verliert, verliert man ein Stück Identität. Doch dieser Verlust ist Voraussetzung für einen Neubeginn.

◣ Zuerst kommt das Ende, damit der Anfang folgen kann.

Individuelle Deutung

◣ Mögliche Fragen des TODES:

◣ Fühlst du Trauer? ◣ Bist du befreit? ◣ Ist etwas in dir gestorben, vielleicht im Zusammenhang mit einer Erwartung? ◣ Ist es an der Zeit, etwas Altes loszulassen, damit etwas Neues entstehen kann? ◣ Ist es an der Zeit, etwas mit allen Konsequenzen klar zu beenden? ◣ Was verlierst du, wenn ein Stück Verkleidung, eine Maske deines Selbstschutzes fällt und was gewinnst du dadurch Neues? ◣ Welcher Trauer solltest du Raum geben? ◣ Erlaubst du dir, in einer traurigen Situation gleichzeitig auch die erlösende Befreiung zu spüren? ◣ Hast du den Mut, klare und endgültige Aussagen zu machen? ◣ Bist du bereit für den Tod und deshalb für das Leben? ◣ Solltest du mit Altem aufräumen, die Ladenhüter deines Lebens endgültig entsorgen? ◣ Ist es an der Zeit, etwas komplett zu verändern? ◣ Ist jetzt in deinem Leben ein radikaler Schritt notwendig, der nicht mehr rückgängig gemacht werden kann und soll?
◣ Was muss sterben? ◣ Betrauerst du einen Verlust?

Auslegung zur Karte

2

1

4

3

1 ◣ Diesen Teil von mir muss ich verlieren, endgültig aufgeben.

2 ◣ Dieser neue Teil von mir will leben. Das will einen Platz haben in der Welt.

3 ◣ Nur so, mit dieser Grundhaltung, gelingt mir die Veränderung.

4 ◣ Diesen Schmerz, diese Verlustangst muss ich durchstehen.

XIV — MÄSSIGKEIT

»Schutzengel«

Auf den ersten Blick

◣ Jeden Tag musst du das Maß deiner körperlichen und seelischen Gesundheit, deines allgemeinen Wohlbefindens und deines Bezugs zur Welt, zu den Menschen neu mischen. Tu es auch heute.

Allgemeingültige Bedeutung

◣ Das richtige Maß liegt zwischen TOD und TEUFEL, also zwischen dem Nichts und dem Un- oder Übermäßigen.

◣ MÄSSIGKEIT ist nicht zu verwechseln mit dem wertenden Begriff Mittelmäßigkeit.

◣ Die eigene Mischung, wenn einmal gefunden, bleibt nicht konstant, sondern muss in einem immer währenden Prozess immer neu gemischt werden. Mischen ist nicht Abwägen. Der Mischvorgang passiert intuitiv. Was heute richtig ist, ist morgen vielleicht falsch, und was für den einen Menschen gut ist, ist für den anderen nicht hilfreich.

◣ Somit ist die Karte der MÄSSIGKEIT die ganzheitliche Gesundheitskarte und verbindet alle Aspekte des Gesundseins, den körperlichen, den seelischen, den geistigen und den spirituellen.

◣ Jeder Mensch hat ein eigenes Gefühl für sein Gesundsein. Dieses Gefühl lässt sich nicht über körperliche Defizite oder Einschränkungen definieren, den Grad unseres Wohlseins bestimmt vielmehr das intuitive Wissen gepaart mit Lernen aus Erfahrung. Signale sind die Körpersprache, Empfindungen, Begegnungen, Erkenntnisse und Gefühle. Die World Health Organisation (WHO) hat eine überzeugende Liste von sieben Kriterien zur Gesundheit zusammengestellt.: Gesundheit umfasst ◣ ein stabiles Selbstwertgefühl ◣ ein positives Verhältnis zum Körper ◣ die Fähigkeit zu Freundschaft und sozialen Beziehungen ◣ eine intakte Umwelt, ◣ sinnvolle Arbeit und gesunde Arbeitsbedingungen ◣ Gesundheitswissen und den Zugang zur Gesundheitsvorsorge ◣ eine lebenswerte Gegenwart und die begründete Hoffnung auf eine lebenswerte Zukunft.

◣ Die MÄSSIGKEIT begegnet uns als Schutzengel und begleitet, schützt, unterstützt und segnet uns auf dem erdbraunen Weg zur SONNE. In der Sonne versteckt sich eine Krone. Der Mensch, der diesen Weg der Mischung geht, wird mit Sonnenklarheit gekrönt.

Individuelle Deutung

◣ **Mögliche Fragen der MÄSSIGKEIT:**

◣ Fühlst du dich im Gleichgewicht? ◣ Nimmst du dir Ruhe und Zeit, dein Maß aller Dinge zu spüren? ◣ Gibst du dem eigenen Heilungsprozess Zeit und Chance? ◣ Glaubst du an deine Selbstheilungskraft? ◣ Spürst du in dir eine heilsame Kraft und lässt du sie zu? ◣ Kennst du deinen Schutzengel? ◣ Vertraust du deinem Schutzengel? ◣ Hast du mit dir verbündete Kräfte aus der anderen Welt? ◣ Wirst du durch fremde Ratschläge verunsichert, verwirfst dann sogar deine eigenen Gefühle und hörst deine innere Stimme nicht mehr? ◣ Fühlst du dich rundum gesund oder könntest du noch etwas für dich tun? ◣ Was heißt für dich gesund sein? ◣ Bist du psychisch im Gleichgewicht? ◣ Wie pflegst du deinen Körper? ◣ Was tust du für deine Seele? ◣ Bist du ruhelos? ◣ Was alles genau macht dich krank? ◣ Wie krank darfst du sein, damit du dich noch gesund fühlst?

Auslegung zur Karte

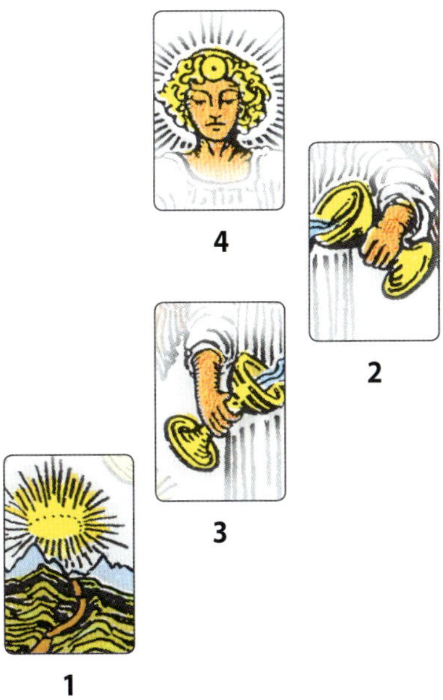

1 ◣ Dieser Weg zur ganzheitlichen Gesundheit liegt vor mir. Dieser Weg wird mich zur Krönung meines Wohlbefindens führen.

2 ◣ Diese Mischung brauche ich für meinen Körper. Dies ist ein wichtiger Teil meiner Gesundheitspflege.

3 ◣ Diese Mischung brauche ich für meine Seele. Das macht mich auf psychischer Ebene gesund. Dies ist ein wichtiger Teil meiner Seelenpflege.

4 ◣ So begegnet mir mein Schutzengel. Das tut er für mich. Dies ist mein Schutz, meine spirituelle Hilfe und Unterstützung.

XV — Der TEUFEL

»Hüter der Tabus«

Auf den ersten Blick

▶ Ist Abhängigkeit für dich bequem und scheust du die Anstrengung der Befreiung? Heute wäre eine Gelegenheit, dich ein Stück selbst zu befreien und etwas, vielleicht etwas sehr Altes, zu erlösen. ▶ Schau deinen Schattenseiten in die Augen und bring dein verstecktes Thema ans Licht.

Allgemeingültige Bedeutung

▶ Die teuflische Energie würden wir am liebsten aus unserem Leben verbannen und doch gehört sie zur Ganzheit der Welt. Gefährlich wird diese Kraft erst, wenn wir das so genannte Böse abspalten. Der Reiz des Verbotenen schärft das Bewusstsein für das Erlaubte. Die Macht des dunklen Prinzips greift genauso nach uns Menschen wie es die Sehnsucht nach Reinheit tut.

▶ Der TEUFEL schleicht sich unmerklich im Dunkeln heran, verführt anfänglich noch ganz harmlos und lehrt den Menschen Anhänglichkeit, Abhängigkeit und Sucht. Erst wenn der Leidensdruck einsetzt, die Fesseln zu eng anliegen und drücken, erst wenn Reife die Reflexion des eigenen Handelns zulässt, kann uns unsere Abhängigkeit bewusst werden.

▶ Die beiden Menschen auf dem Bild stehen noch ganz bequem in ihren Ketten, vom teuflischen Feuer entzündet und von der Weintraube berauscht. Wenngleich verderblich, so ist sie doch notwendig, diese teuflische Energie; denn nur tief im verborgenen Dunkel findet der Mensch, was ihm zum Ganzsein fehlt. Ein erlösender Entwicklungsschritt ist angezeigt, ein tabuisiertes Thema soll aus dem Versteck erlöst werden.

▶ Der TEUFEL hütet die Tabus so lange, bis wir reif sind, sie zu erkennen. In diese Höhle, in diese Hölle hinunterzusteigen, erfordert Mut und Vorbereitung. Aber nur so gelingt es uns, ein Stück des eigenen Eingeschlossenen zu finden und zu befreien.

▶ Der TEUFEL verführt zum Unmaß, zum süchtigen Zuviel. Er macht uns abhängig. Unabhängigkeit ist eine Illusion. Wir brauchen Luft, Wasser, Sonne, Nahrung, Liebe und vieles mehr. Er zwingt uns, klug zu dosieren!

◣ Unter dem Schutz der MÄSSIGKEIT ist es möglich, sich der Gefahr des TEUFELS mit seinem Suchtpotenzial zu stellen. Darin liegt die Chance, Lebensfreude, Freiheit und Erwachsenheit zu erlangen und Beziehungen lustvoll und in Eigenbestimmung zu leben. Das Modell Tarot zeigt das Paradies (Karte VI) und die Hölle (Karte XV) zur Orientierung auf getrennten Karten. Wir Menschen aber stehen solide im Leben, wenn wir je einen Fuß in einer dieser beiden Karten haben. Luzifer ist der gefallene Engel und verbindet damit diese Welten ebenfalls.

Individuelle Deutung

◣ Mögliche Fragen des TEUFELS:

◣ Erlaubst du dir, einfach einmal eine Zeit der Lust zu genießen? ◣ Kannst du dich mit allen deinen Sinnen auf eine Beziehung einlassen? ◣ Erlaubst du dir ein gutes Maß an lustvollem Leben? ◣ Welches Tabu solltest du lüften, um Klarheit in dein Leben zu bringen? ◣ Hast du es dir in der Abhängigkeit bequem gemacht; scheust du den Aufwand der Befreiung? ◣ Wie wirst du abhängig und wie machst du andere abhängig? ◣ Hast du den Mut, in deinen Tiefen alte Konflikte, Abhängigkeiten, Süchte aufzudecken, dazu zu stehen und sie würdigend für dich und die Umwelt zu lösen? ◣ Kannst du mit Destruktion auch konstruktiv umgehen? ◣ Ist Macht oder Machtmissbrauch für dich ein Thema? ◣ Bist du eher Opfer oder eher Täter oder vielleicht beides? ◣ Wie definierst du gut und böse? ◣ Wie wäre es für dich, das gleiche wie bisher zu tun aber nicht mehr heimlich? ◣ Findest du Schutz in deinem Leiden? ◣ Nimmst du Schutz und Hilfe an? ◣ Wo stehst du, wenn ein Fuß im Himmel und einer in der Hölle ist?

Auslegung zur Karte

1 ◣ Meine große Angst vor Abhängigkeit.

2 ◣ Dieses Gefühl hält mich noch zurück. Das bremst mich.

3 ◣ Dieser Gedanke hält mich noch zurück. Das behindert mich.

4 ◣ Mein Thema, das angekettet ist und das ich erlösen muss.

XVI — Der TURM

»Erschütterung in den Grundfesten«

Auf den ersten Blick

◣ Es kracht im Gebälk. Etwas fällt in sich zusammen, und das sieht auf den ersten Blick schrecklich aus, aber es wird dich befreien. Nur wenn alte Glaubenssätze und Gedankengebilde zusammenstürzen, wirst du den Durchbruch in die unendliche Weite der schönen Welt wieder entdecken.

Allgemeingültige Bedeutung

◣ Der TURM baut sich allmählich und unmerklich wie ein Gedankengebilde auf und beschert dem Menschen ein rabenschwarzes Chaos.

◣ Der TURM nimmt dem Menschen die Sicht und trennt ihn von den allgemein gültigen Regeln der Welt. Eigene Meinungen, Argumente und einschränkende Glaubenssätze türmen sich zu Gefängnismauern auf, wenn sie unreflektiert bleiben. Je rechthaberischer die eigene Ansicht vertreten wird, desto höher wachsen die Mauern, bis die Welt nicht mehr sichtbar ist und die Illusion entsteht, die eigene begrenzte Welt sei die wahre Welt, so wie es auch die Geschichte vom Turmbau zu Babel erzählt.

◣ Eine Tür, den TURM zu verlassen, gibt es nicht mehr; sie ist verbaut. Rettung bringt in dieser Situation nur noch ein Ereignis von außen, welches die selbst gesetzte Begrenzung sprengt. Eine alte Ordnung wird ungefragt zerstört.

◣ Eine nicht frei gewählte, sondern erzwungene Befreiung löst immer Angst aus – Angst, sich verändern zu müssen. Im ersten Moment ist es eine Entmachtung, wie die weggeschleuderte Krone zeigt.

◣ Der TURM ist entweder eine blitzartige Erkenntnis, ein Blitz aus heiterem Himmel, ein Aha-Erlebnis oder ein bedrohlicher plötzlicher Schicksalsschlag, der einen aus dem selbst gebauten Gefängnis wirft. Diese Befreiung wird nach dem ersten Schrecken und nachträglichem Verstehen meist als große Erleichterung und Neubelebung erfahren und mündet in den Jungbrunnen des STERNS.

Individuelle Deutung

◣ **Mögliche Fragen des TURMS:**

◣ Bist du offen für die Stürme und reinigenden Gewitter des Lebens? ◣ Hast du den Wunsch auszubrechen? ◣ Könnte es sein, dass du stur bist? ◣ Wo könntest du dein eigenes enges Weltbild sprengen und somit erweitern? ◣ Beharrst du bei irgendetwas ganz stark auf deinem Recht? ◣ Fühlst du dich eingeengt, und ist ein neuer Impuls angezeigt, der dich wieder in den Austausch mit der Umwelt bringt? ◣ Hast du in irgendeiner Form eine Absage erlebt und siehst die sich daraus entwickelnde Freiheit oder Chance noch nicht? ◣ Schimpfst du oft über die Welt? ◣ Sind alle anderen immer falsch und du richtig? ◣ Ist die Welt an allem schuld und bist du nicht bereit, etwas zu verändern? ◣ Fühlst du dich eingesperrt? ◣ Bist du ab und zu etwas überheblich? ◣ Spürst du, dass ein Durchbruch angezeigt ist, aber hast du noch Angst davor? ◣ Kannst du andern gut ihre Fassaden herunterreißen? ◣ Liebst du abrupte Befreiungen? ◣ Ist die Freiheit dein größtes Gut?

Auslegung zur Karte

3 2 4 1

1 ◣ Das ist mein Glaubenssatz, meine felsenfeste Überzeugung. An das glaube ich. Daran möchte ich am liebsten nicht rütteln lassen.

2 ◣ Vor dieser Erschütterung habe ich Angst. Diese Dynamik verunsichert mich in meiner festen Meinung. Diese Erkenntnis trifft mich wie ein Schlag.

3 ◣ Das muss ich nun loslassen. Dieses Stück Ego behindert mich. Diese Krone der Macht ist nur Last. Sie passt nicht mehr zu mir und meiner neuen Erkenntnis.

4 ◣ So bin ich beschützt in meinem Fall auf den Boden der Welt. Das ist meine Begleitkraft, die mich führt und geleitet. Das hilft mir, unterstützt mich, befreit mich.

XVII — Der STERN

»Jungbrunnen«

Auf den ersten Blick

Du fühlst dich kreativ, befreit und heute unter einem guten Stern. Du freust dich in vollen Zügen am Leben. Es ist heute wirklich Zeit, dich selbst einfach uneingeschränkt gern zu haben und im Sprudelbad des Lebens zu regenerieren.

Allgemeingültige Bedeutung

Der Durchbruch des TURMS ist geschafft, und der STERN fühlt sich an wie ein Jungbrunnen für die eigene Seele. Eine uralte Quelle entspringt der Natur und fließt endlos, sprudelt so nährend aus einem Krug auf die Erde wie lustvoll aus einem anderen Krug ins Wasser.

Der STERN zeigt uns keine Aufgabe und auch kein Stück Weg im eigentlichen Sinn, sondern einen Zustand zum Verweilen und Genießen, in dem wir eine angemessene Zeit bleiben dürfen. Die Gefühle fließen frei und brauchen nicht unter Kontrolle gehalten zu werden. So wie wir Menschen sind, nackt und frei, so sind wir gut.

Der STERN zeigt sich von einer inspirierenden Kreativität, die schöpferisch ist und sich einfach daran freut ohne Ziel, ohne Druck zu sein.

Der eine Fuß der Quellfrau steht auf dem Wasser; er muss nicht tief gründen, sondern darf sorglos den Kreisen der Wasseroberfläche nachspüren. Der andere Fuß reicht ins Erdreich und lässt die Quelle aus der Tiefe heraus sprudeln. Es ist eine Sternstunde, eine Zwischenstärkung auf dem Weg der Entwicklung.

Sehr wichtig ist es zu spüren, wann, wo und wie lange dieses Glücksgefühl genossen werden kann und wann es wieder Zeit ist, den Ruf wahrzunehmen und sich weiter auf den Weg zu machen. Zu viel von dieser Sternenenergie zu lange gelebt, kann eine isolierende Eigenverliebtheit bewirken.

Individuelle Deutung

Mögliche Fragen des STERNS:

Genießt du das Fließen deiner Gefühle und bist du glücklich darüber? ◣ Spürst du eine Erleichterung, eine gewonnene Lebensfreude nach einem Schicksalsschlag? ◣ Brauchst du im Moment das ganze Universum als Dach über deinem Kopf, das Gefühl der großen Freiheit? ◣ Liebst du das Leben und auch dich selbst? ◣ Ist es an der Zeit, den Zustand des bloßen Seins, das Dahintreiben auf den Wogen des Gefühls wieder zu verlassen, um dich den Aufgaben des allgemeinen Lebens, dem Boden der Realität zuzuwenden? ◣ Kannst du deine Gefühle in Kreativität umsetzen? ◣ Fühlst du dich schutzlos, nackt und verletzlich? ◣ Brauchst du einfach einmal eine Auszeit, Erholung nur für dich allein? ◣ Brauchst du Ferien? ◣ Sind in deinem Tagesablauf Erholungsfenster eingebaut? ◣ Kennst du die Zeit des Regenerierens? ◣ Fühlst du dich schön? ◣ Was muss noch passieren, bis du dich so richtig gern hast? ◣ Bist du ein Star; möchtest du einer sein?

Auslegung zur Karte

1 ◣ Das repräsentiert mich selber. Es ist meine momentane Sternenenergie. So lebe ich im Moment den Stern.

2 ◣ Das ist das Geheimnis. Mit dieser Verwandlung wird mein Stern noch glänzender.

3 ◣ So soll ich mich einfach nur lieben, im Jungbrunnen der Gefühle tummeln, bedingungslos ich selber sein, so wie ich bin.

4 ◣ Diesen Zustand soll ich fruchtbar werden, in meinen Alltag hineinwachsen lassen.

XVIII — Der MOND

»Sehnsucht«

Auf den ersten Blick

Es nützt nichts, wenn du Klarheit willst. Das Unklare verbirgt noch etwas und leitet dich auf eine andere Fährte. Vertrau deinem Innersten und geh den Weg der Sehnsucht und des Gefühls. Lass dich mit den Gezeiten treiben wie die Wellen des Meeres.

Allgemeingültige Bedeutung

Der MOND zeigt eine nur schwer fassbare Energie, sozusagen eine nicht geerdete, in sich verlorene Spiritualität. Es ist Nacht, die Dimensionen verändern sich gegenüber der Klarheit des Tages. Sicher ist nur die Veränderung mit ihrem eigenen Zeitmaß. Die Kontrolle geht verloren. Eine Sehnsucht nach tiefer Erfüllung, aber auch das Furchterregende und Orientierungslose gewinnen die Oberhand. Scheinbar launisch wie die weiblichen Mondzyklen nehmen diese Dimensionen zu, sind voll präsent und verschwinden allmählich wieder, bis nur noch dunkle Leere klafft. Nichts scheint logisch, und mit viel Tiefgang und Sentimentalität steigt Unerklärbares in Ahnungen, Träumen, Sehnsüchten auf. Kein Wissen und Planen ist mehr möglich, nur noch die Hingabe an den Moment in seiner Gefühlsdichte. Es ist wichtig, nicht zu lange bei diesen Traum- oder auch Trugbildern zu verweilen, sondern den Weg weiterzugehen.

Das MONDhafte zu durchleben bringt Gewinn und Ergänzung durch die Intuition; im MONDhaften zu verweilen bringt Verlust an Realität.

Im MOND spiegelt sich die SONNE, sie ruft die Nacht auf zu vergehen, um dem Tag wieder Platz zu machen.

Der MOND lässt die Menschen den inneren Konflikt zwischen der eigenen Sehnsucht nach Unerklärlichem, der drängenden Wildheit und der klar strukturierten Ordnung, der Angepasstheit austragen. Der goldene Sonnen-Weg führt in Zyklen oder im Krebsgang mitten hindurch zwischen dem knurrenden, heulenden Wolf und dem braven, jaulenden Hund in die blauen Berge der Sehnsucht.

Individuelle Deutung

◣ **Mögliche Fragen des MONDES:**

◣ Vertraust du dem Zyklus der Mondkraft? ◣ Liebst du die Stimmung einer Vollmondnacht? ◣ Lebst du in Sehnsüchten und mit Trugbildern? ◣ Steigen in dir Bilder, Gefühle, Ängste auf, die du dir nicht erklären kannst? ◣ Hast du eine Phase von unbegreiflichen Gefühlsschwankungen? Erträgst du sie kaum und vergisst du dabei, dass sie von alleine wieder abklingen? ◣ Berauschen dich diffuse Erscheinungen und hindern sie dich daran, klar zu sehen? ◣ Bist du oft berauscht? ◣ Lebst du die Launen deiner Weiblichkeit hingebungsvoll aus? ◣ Möchtest du am liebsten den Mond anheulen? ◣ Würde dir ein Nachtspaziergang gut tun? ◣ Dämmert dir etwas? ◣ Fällt es dir leicht oder schwer, etwas intuitiv Erkanntes in die Realität des Tages umzusetzen? ◣ Hast du genügend Vertrauen zu dir, um in einer unklaren Situation zu wissen, dass sich zum richtigen Zeitpunkt am richtigen Ort alles wieder regelt? ◣ Hast du Vertrauen zu deiner Intuition? ◣ Kennst du den Mann im Mond?

Auslegung zur Karte

1 ◣ Diesen Weg zur Klarheit muss ich gehen.

2 ◣ Das unterstützt mich auf dem Weg, ist mein treuer Begleiter.

3 ◣ Das muss ich mir erlauben, auch wenn ich mich fast nicht traue.

4 ◣ Das ist die Gangart, das Tempo, das ich gehen soll.

XIX — Die SONNE

»Erstrahlende Klarheit«

Auf den ersten Blick

▶ Heute ist Sonntag, dein Sonnentag. Mach es wie die Kinder, sei ursprünglich und lebe den Tag in Klarheit und Freude mit reinem Herzen. Friede und Versöhnung feiern mit dir. ▶ Die Sonne scheint für alle Menschen.

Allgemeingültige Bedeutung

▶ Die SONNE bringt mit ihren Strahlen Klarheit und leuchtet den hintersten Winkel des Daseins aus. Ihre Aufgabe ist es, den Samen zum Leben zu erwecken, Wachstum zu fördern und die Schlafenden aus der Nacht in die Klarheit des Tages und damit auch in die Realität des Alltages zu führen.

▶ Im Licht der SONNE sehen wir, was die Nacht vor unseren Augen und vor unserer Wahrnehmung verborgen hat. Unser Bewusstsein ist zurückgekehrt. Nach der langen Nacht und der Suche nach unseren Geheimnissen im Dunkel des Unbewussten scheint nun die SONNE wieder und belohnt uns mit Wärme, Helligkeit und neuer Hoffnung; sie weckt Lebensfreude. Sie fordert aber auch, dass wir uns öffnen und die Geheimnisse aus den verborgenen Winkeln der Dunkelheit in die Klarheit des Alltagslebens einfügen. Sie kann mit ihrer Intensität sogar brennen, so dass wir den Schatten aufsuchen müssen und sie fordert unermüdlich Aktivität, so dass wir Ruhe vermissen mögen. Sie hat einen starken, nicht zu erschütternden Willen.

▶ Wenn die SONNE lacht, geht es den Menschen gut. Sie fühlen sich unbeschwert und werden zu Kindern, ohne Hast und ohne Neid.

▶ Das Kind, ein kleiner NARR, sitzt mit offenen Armen auf dem weißen Pferd und lebt uns die Leichtigkeit des Seins spielend vor. Hinter der grauen Mauer jedoch liegt eine Vergangenheit, die zuerst übersprungen, bewältigt werden musste, um zur kindlichen Freiheit zurückgelangen zu können. Wie die Bibel treffend sagt: »Wenn ihr nicht … werdet wie die Kinder, so werdet ihr nicht ins Himmelreich kommen« (Matthäus 18,3).

▶ Die SONNE scheint für alle, niemand braucht um sie zu streiten.

◣ SONNE ohne die Erholung der Nacht, und das Dunkel der Nacht ohne Erhellung durch Licht bleiben stets einseitig und überfordern die Menschen.

Individuelle Deutung

◣ Mögliche Fragen der SONNE:

◣ Hast du ein sonniges Wesen und strahlst gerne? ◣ Bist du ein Sonnenkind? ◣ Vermisst du manchmal den Schatten? ◣ Verschenkst du deine Strahlen großzügig? ◣ Bist du dir im Klaren, was du willst? ◣ Ist es im Moment für dich richtig, alles zu analysieren und zu hinterfragen? ◣ Schaffst du gerne Klarheit? ◣ Fehlt es dir an Willen? ◣ Brauchst du viel Kontrolle? ◣ Kannst du gut analysieren? ◣ Überforderst du dich manchmal selber? ◣ Überfährst du mit deiner Kraft manchmal deine Mitmenschen? ◣ Solltest du in bestimmten Themen Klarheit schaffen und Überblick gewinnen? ◣ Lässt du allem Lebendigen seinen Platz an der Sonne, auch dir selber? ◣ Freust du dich mit deinen Mitmenschen? ◣ Kannst du Freude gut teilen? ◣ Hast du Freude an all deinen verschiedenen Seiten, die dich zum ganzen Menschen machen? ◣ Ist es Zeit, etwas Verborgenes ans Licht des Tages zu heben? ◣ Ist dir ein kleines Geheimnis des Lebens geschenkt worden, und bist du stolz darauf?

Auslegung zur Karte

1

2

3

4

1 ◣ So sehe ich mein Thema in Klarheit.
Um das geht es ganz klar in meinem Leben.

2 ◣ Das bin ich jetzt. In dieser Leichtigkeit soll ich mich leben.

3 ◣ Das liegt nun definitiv hinter mir.
Diesen Schatten habe ich bewältigt.
Das ist Vergangenheit.

4 ◣ Diesem Weg soll ich weiterhin mein starkes Licht geben.
Dieser Weg trägt mich.

XX — GERICHT

»Hingabe an die Erneuerung«

Auf den ersten Blick

◣ Hör auf den Ruf deiner Ahnungen und folge ihm hingebungsvoll. Nur so kannst du beleben, was schon lange in dir schlummert und wach werden will. Du hörst diesen Ruf nicht zum ersten Mal. Wie laut muss er schallen, bis du ihm folgst?

Allgemeingültige Bedeutung

◣ Das GERICHT oder die AUFERSTEHUNG erinnert uns durch die hingebungsvolle Geste der Menschen an das Urvertrauen, aus dem alles Leben aufsteigt und zu dem sich alles Sehnen hinrichtet.

◣ Der oft fälschlich verstandene Name GERICHT meint Gerichtet-Sein im Sinne eines Ausrichtens hin zur Schöpfung, zum Universum, zum großen Ganzen. Die Menschen steigen furchtlos aus ihren schwarzen Kisten heraus und orientieren sich am Schutzengel, der sie mit seiner goldenen Trompete ruft. Der Schall berührt ihre Herzen, und sie fassen Mut, den Deckel ihres Sargs zu heben. Sie strecken ihre Hände dem Universum entgegen und empfangen mit Hingabe eine Botschaft, die offensichtlich allen gut tut. Die irdische Lebenskraft selber ruft mit dem lebendig-roten Kreuz auf dem weißen Banner, dem noch unbeschriebenen weißen Blatt. Das Kreuz ist der Weg und das Kreuz ist das Ziel. Immer wieder gilt es, Brachliegendes zum Leben zu erwecken. Viele Talente und Fähigkeiten schlummern in den Menschen, bis der Ruf so laut ertönt, dass sie diese zum Leben erwecken müssen. Alles geschieht im Vertrauen, zur rechten Zeit am richtigen Ort den Ruf zu vernehmen und ihm zu folgen.

◣ Das GERICHT zeigt einen Schutzengel, der es den Menschen leicht macht, sich dem Leben hinzugeben. Aus Unsicherheit werden anfänglich die Ohren noch verstopft, der Deckel des Sargs wieder zugezogen, wir kriechen zurück in die enge Dunkelheit. Doch das Urvertrauen meldet sich immer wieder, ruft immer wieder von Neuem. Wie beim Auferstehungsmythos geht es nicht um etwas Totes, welches lebendig wird, sondern um etwas, das noch nicht lebt. Wie Wie in jedem Samen alle Informationen der künftigen Pflanze gespeichert sind, so schlummern bei unserer Geburt alle Eigenschaften in uns Menschen.

◣ Folgende konkrete Körperübung verwandelt Zweifel in kurzer Zeit in Urvertrauen: Lassen Sie sich von den Haltungen dieser Menschen dazu anregen, mit der eigenen offenen Frage, mit Ihrem Zweifel, in einer dieser Körperstellungen zu meditieren, und lassen Sie sich überraschen, wie sich dabei Ihre innere Haltung zum Thema verändert.

Individuelle Deutung

◣ Mögliche Fragen des GERICHTS:

◣ Bist du ein lebensbejahender Mensch? ◣ Lebst du mit Hingabe? ◣ Wie äußert sich dein JA zum Leben? ◣ Begegnest du dem Leben mit Demut und Hingabe? ◣ Wie steht es grundsätzlich mit deinem Vertrauen? ◣ Bist du offen oder eher misstrauisch? ◣ Glaubst du an deine Talente und Fähigkeiten und spürst in dir eine große Kraft? ◣ Möchtest du etwas schon lange befreien? ◣ Bist du im Kontakt mit dem Urvertrauen, welches dich auch durch schwierige Situationen trägt? ◣ Folgst du deiner inneren Stimme; vertraust du ihr? ◣ Wie laut muss ein Ruf ertönen bis du ihn erhörst? ◣ Hast du verborgene Pläne, die leben möchten? ◣ Versteckst du dich hinter Ausreden, damit du nicht umsetzen musst, was dir gebührt? ◣ Verkaufst du dich unter deinem Wert? ◣ Was könntest du der Welt heute schenken? ◣ Was trägst du schon lange mit dir herum? ◣ Möchtest du dich von der Welt zurückziehen?

Auslegung zur Karte

1 ◣ Dieser Ruf will gehört werden. Dieses Thema ruft mich schon lange.

2 ◣ Da drin liegen sie, meine versteckten Qualitäten.

3 ◣ In dieser Haltung belebe ich das Thema. So schaffe ich es.

4 ◣ Das begleitet, unterstützt und schützt mich, ist mir hilfreich.

XXI — Die WELT

»Tanz der Freiheit im Rahmen der Welt«

Auf den ersten Blick

Deine selbst erschaffene Welt gibt dir den angemessenen Freiraum für deinen Lebenstanz. Deine Welt ist in Ordnung. Verändere dann etwas, wenn dich der Rahmen einengt oder dann, wenn du das Gefühl hast, haltlos zu sein und aus dem Rahmen zu fallen. Freu dich an deiner blühenden Welt und freu dich an den blühenden Welten der anderen Menschen.

Allgemeingültige Bedeutung

Die WELT zeigt uns ein dynamisches Weltbild, welches nicht starr, sondern in ständiger Bewegung ist. Mit seinem Blätterrahmen gibt es uns Halt und mit der Weite der blauen Luft Freiheit, nicht entweder oder, sondern beides zugleich. Jetzt ist die Welt in Ordnung. Sie schenkt Zugehörigkeit und ermöglicht gleichzeitig das Nutzen des Freiraumes. Die Welttänzerin spielt mit den beiden weißen Stäben in ihren Händen wie mit den zwei Achsen des Kreuzes. Sie schenkt beiden Gegensätzen ihre Aufmerksamkeit und tanzt zwischen dem rechten und dem linken Pol in der verbindenden Mitte. Auch das Entwickeln dieses Weltbilds ist ein Prozess, der sich ständig wandeln, sich den Bedürfnissen und der Reife der Menschen in ihrer Entwicklung und den Umständen anpassen muss.

Die WELT ist im Fließen und gleichzeitig im Gleichgewicht, so wie es das um den Körper flatternde violette Tuch zeigt. Was auf der Karte XII, der GEHÄNGTE, verkehrt ist, tanzt hier frei mit der gleichen Stellung der Beine und einer offenen Armhaltung der Tänzerin. Die Wandlung von 12 zu 21 ist vollzogen.

Die WELT berührt alle vier Ecken, alle vier Elemente, alle Botschaften der vier Evangelisten gleichermaßen und hat es geschafft, das scheinbar Unvereinbare in Harmonie zu verbinden. Die gleichen Gestalten wie auf der Karte X, RAD des SCHICKSALS, begrenzen das Kartenbild, jedoch dieses Mal ohne die Bücher. Das Studium ist abgeschlossen, der Prozess geht weiter. Der Rahmen lebt und atmet. Jeder Mensch ist mit seinem Weltbild ins Universum eingebunden und dazu aufgefordert, seinen eigenen Rahmen fest oder durchlässig zu halten. Die Dimension soll angemessen sein und immer wieder fließend angepasst werden. Ein zu enges Weltbild schränkt ein und ein zu weites Weltbild gibt keinen Halt und lässt fallen.

Individuelle Deutung

Mögliche Fragen der WELT:

Gefällt dir deine Welt? Was hast du für ein Weltbild? Ist dein Bild der Welt mit der äußeren Welt verbunden? Fühlst du dich in deinem Rahmen wohl? Ist es dir zu eng in deiner Welt? Fällst du aus dem Rahmen und hast keinen Halt? Lässt du dich von der Welt bewegen und durchströmen? Tanzt du deinen Lebenstanz nach deiner Choreographie? Solltest du deinen Rahmen neu anpassen? Erlebst du einen harmonischen Abschluss, der neue Welten eröffnen kann? Findest du auch andere fremde Welten schön, die du nicht belebst? Solltest du den Rahmen sprengen? Gibt dir deine Umwelt genügend Halt? Wie definierst du Freiheit? Anerkennst du andere Welten? Wie ist es, sich ganz und frei zu fühlen? Wer darf in deine Welt eindringen und wer nicht? Wie gehört deine Welt zum Universum?

Auslegung zur Karte

3

4

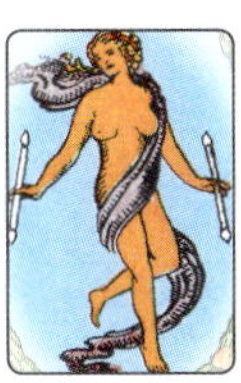

1

2

1 So verkörpere ich meine Sehnsucht nach Ganzheit. Das ist mein Wunsch für ein ausgewogenes Leben.

2 Das ist der Teil meines Rahmens, der mir Halt gibt. Das gibt mir Boden und Sicherheit. Das ist das Fundament für meinen Lebenstanz.

3 Das ist der Teil meines Rahmens, der mich einengt. Das begrenzt mich.

4 Dieses Element fehlt mir noch zur Ganzheit. Diesen Teil muss ich befreien. Das will frei schweben können.

Legesystem DER SCHLÜSSEL – *große Standortbestimmung*

Die Standortbestimmung wird mit allen 22 Karten der großen Arkana gelegt. Dieses Legesystem ist anspruchsvoll und benötigt sicher zwei Stunden Zeit. Vorteilhaft ist es, zusammen mit anderen daran zu arbeiten, um erweiterte Sichtweisen einbeziehen zu können.

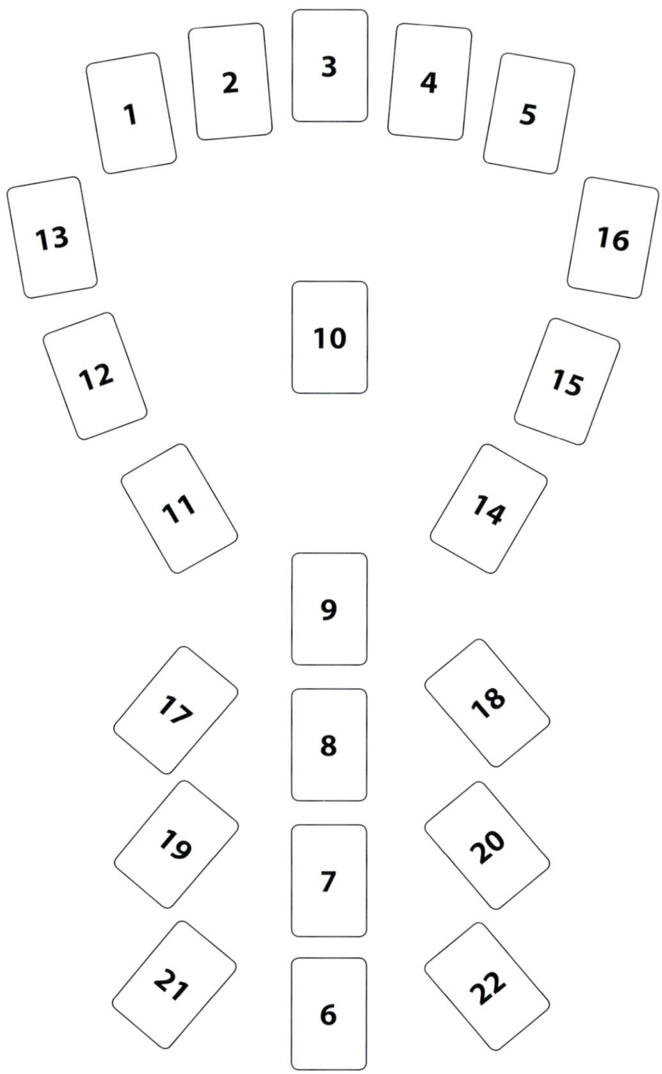

von der Autorin bearbeitetes Legesystem aus unbekannter Quelle

1 ◣ Diese Energie hat ihren Ursprung in meiner jüngeren Vergangenheit. Sie zeigt ihre Auswirkung bis heute.

2 ◣ Diese Karte zeigt meine momentane Situation, das Hier und Jetzt.

3 ◣ Diese Energie hat Schutzcharakter. Sie bewahrt mich vor Irrwegen und Täuschungen.

4 ◣ Diese Energie wirkt momentan schädlich. Sie ist zu meiden. Es ist eine Falle, in die ich gerne tappe!

5 ◣ Diese Energie wirkt momentan bereichernd. Sie ist zu suchen. Es ist meine Ressource.

6 ◣ Das ist eine Kraft, eine Energie, die immer schon zu mir gehörte. Sie begleitet mich ständig.

7 ◣ Das ist eine Energie, die mich zu mir selber führt, in mein Innerstes. Es ist der Weg in meine Mitte.

8 ◣ Diese Energie beschäftigt mich stark auf unbewusster Ebene. Sie kann sich in Träumen, Wünschen oder Ängsten zeigen.

9 ◣ Das ist mein momentanes Spiegelbild, das schaut mich gerade an. Es ist mein drängendster Teil, der sich zeigt und eine Antwort erhalten will.

10 ◣ Diese Karte zeigt, ob in meinem momentanen Dasein die männliche oder weibliche Energie überwiegt oder ob beide ausgeglichen sind.

11 ◣ Diese Haltung zeige ich dem weiblichen Prinzip, den Frauen gegenüber.

12 ◣ Diese Haltung zeige ich dem männlichen Prinzip, den Männern gegenüber.

13 ◣ Mit dieser Energie, mit dieser Thematik hadere ich sehr. Damit muss ich mich versöhnen.

14 ◣ Das ist meine Art zu handeln. Das tue ich und so tue ich es.

15 ◣ Das ist mein Stil zu denken. Das denke ich und so denke ich es.

16 ◣ (Vor dem Umdrehen der Karte bestimmen, um welche Person es sich handelt!) Das ist die Energie meiner Partnerin, meines Partners oder einer nahe stehenden Person mir gegenüber.

17 ◣ Das ist meine Seelenverwandtschaft, mein mir vertrautes zweites ICH.

18 ◣ Diese Aufgabe soll ich in der momentanen Lebensphase ernst nehmen und anpacken.

19 ◣ Das ist meine Art zu lieben. So zeigt sich meine Nächstenliebe.

20 ◣ Diese Energie hilft mir zu erkennen, was ich noch nicht weiß. Sie ist sozusagen das Schlüsselloch.

21 ◣ Diese Karte zeigt meine Einstellung zu Leben und Tod, Gott und der Welt und allen großen Fragen des Lebens. Es ist meine persönliche Ansicht.

22 ◣ Davor flüchte ich noch. Das verdränge ich. Dem weiche ich gerne aus.

Die 56 Karten der Kleinen Arkana erforschen

Zur Erinnerung:

- Die kleinen Arkana lehren den Umgang mit den 4 Elementen.
- Sie enthalten Botschaften des Alltags, zeitlich und situativ begrenzt.

Zum Einstieg in die Bildsprache einer Tarotkarte:

Wählen Sie eine Karte offen oder ziehen Sie sie blind. Werfen Sie nun in einer neugierig gespannten Haltung einen ersten Blick auf die Karte und lassen Sie sich überraschen, an welche Situation oder Begebenheit die Szene auf dem Bild Sie erinnert oder was sie im Bauch, Herzen und Kopf zur unmittelbaren Thematik auslöst.

Die Reihe der Stäbe – *Feuer*

FEUER-Assoziationen

Das Element in der Natur – Feuer verbrennt

Das Feuer tritt in zwei Erscheinungsformen auf: als Glut und als Flamme. Das Feuer glüht und das Feuer brennt. Die Sonne ist Urfeuerkraft; der Vulkan ist Feuerkraft. Nur der Blitz entzündet sich selber. Feuer muss sich an etwas entzünden können, und es braucht Nahrung um zu brennen. Feuer wärmt, erhitzt, verbrennt und erlischt.

Im übertragenen Sinn

Feuer hat Transformationscharakter, verwandelt Materie in Energie. Feuer gart uns unsere Speisen, hält sie warm. Die Sonne erzeugt Leben. Feuerrituale dienen der Verwandlung, der Umwandlung und Transformation. Wir können Feuer fangen, Feuer und Flamme sein für jemanden oder etwas – oder auch ein Feuer löschen, einen Brand löschen. Unsere Leidenschaft, unsere Glut, kann erkalten. Eine Sache kann sich an einer anderen entzünden; wir können jemanden anfeuern.

Mögliche Bedeutungen

Feuer ist ein männliches Element. Es steht für Zeugungskraft, Phallus, Hitze, Machtpotenzial, Durchsetzungskraft, Inspiration, Erkenntnis, Erleuchtung, Dynamik, Aktionswille, Aktivität, Bewirken, Temperament, Antrieb, Triebe, Triebkraft, Zündung, Abenteuer, Ungeduld, Übermut, Bewegungsdrang, Optimismus, Aggression, Wildheit, Sexualität, Erfolg, Selbstbewusstsein, Stärke, Gewalt. Auch die Sonne ist Feuer.

ASS der STÄBE

»Zeugungskraft«

Auf den ersten Blick

Nutze deine Gaben der Inspiration und mach etwas aus der Flamme deiner ungebremsten Lebensenergie. Nimm deine Schöpfungskraft und handle in Freude und Lust. Beginne!

Allgemeingültige Bedeutung

Das ASS DER STÄBE ist geballte Kraft und großes Aktionspotenzial. Ohne sichtbare Verwurzelung zündet hier eine Kraft und treibt aus sich selber heraus, sobald die Hand den Stab ergreift. Diese große Kraft der Inspiration ist eine Gabe des Himmels, des Universums vielleicht. Es ist wichtig, sie anzunehmen, dankbar aber bestimmt. Ein solches Geschenk gibt es nicht jeden Tag! Es möchte, dass eine Aktion in Gang gesetzt wird und gelangt so zum Menschen.

Die Feuerkraft wird symbolisch in Form von Holz dargestellt. Feuer brennt nicht aus sich selbst heraus; es braucht Nahrung.

Das STAB-ASS ist Frühlingsholz mit neuen Trieben und ersten kleinen Blättchen. Erste Resultate sind sicher. Es lohnt sich jetzt zuzupacken. Langes Nachdenken verzögert und lässt das Feuer wieder erlöschen.

Das ASS DER STÄBE bedeutet auch Macht. Der MAGIER aus den großen Arkana ist verwandt mit dieser Karte. Das Bild des Ass zeigt, dass diese Macht ergriffen werden kann und soll, jedoch nicht Selbstzweck werden darf. Der Mensch soll die Macht sorgsam in die Hand nehmen, aber er soll sie nicht sein.

Individuelle Deutung

◣ **Mögliche Fragen:**

◣ Verspürst du Ungeduld? ◣ Zögerst du noch zu tun, was du tun sollst? ◣ Hast du Lust, eine Herausforderung anzunehmen? ◣ Wo ist es sinnvoll anzupacken? ◣ Glaubst du an deine große Kraft? ◣ Bist du jetzt an der Reihe, machtvoll ans Werk zu gehen? ◣ Welche zündende Idee sucht Verwirklichung? ◣ Wofür brennst du? ◣ Hast du Bedenken, diese große Macht zu leben? ◣ Wen zündest du mit deinem Feuer an? ◣ Welche Nahrung braucht dein Feuer? ◣ Nimmst du deine große Gabe der Kraft wahr und ernst? ◣ Bist du bereit, deine Kraft anzunehmen und zu gebrauchen? ◣ Bist du bereit, dich für eine Aufgabe zu ermächtigen? ◣ Wie gehst du mit deiner Macht um? ◣ Ist Macht und Ohnmacht für dich ein Thema? ◣ Mit welchem Funken zeugst du Neues? ◣ Kannst du die große Kraft dankbar annehmen?

Auslegung zur Karte

2

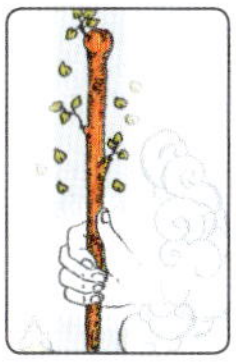

1

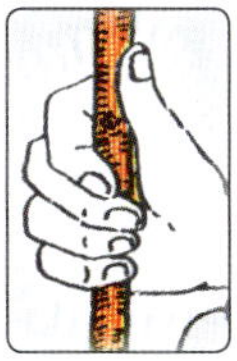

3

1 ◣ Dieses große Potenzial darf und soll mir bewusst werden.
Es ist meine Kraft, die ich annehmen soll.

2 ◣ Meine Motivation, meine große Lust zu tun, zeigt sich in dieser Form.
Sie ist der Motor für meine Kraft.

3 ◣ Das soll ich in die Hand nehmen.
Das soll ich umsetzen.

ZWEI der STÄBE

»Projektplanung«

Auf den ersten Blick

◣ Plane deine Unternehmungen sorgfältig und setze sie dann kraftvoll in die Tat um. Orientier dich dabei an der Wirklichkeit selber.

Allgemeingültige Bedeutung

◣ Eine Person steht im Schutz der Zinnen auf einem Gebäude und betrachtet sowohl die Wirklichkeit der Landschaft als auch das Modell der Wirklichkeit, den Globus der Erde. Zwei Stäbe rahmen die Figur auf dem Bild ein. Den linken Stab hält sie mit der linken Hand. Sie hält sich daran fest. Der rechte Stab ist an der Brüstung der offenen Terrasse befestigt, scheint seine Kraft noch zurückzuhalten, ist noch zurückgebunden in seinem Tatendrang. Die niedrige Mauer lässt Weitblick zu, sodass die Realität immer wieder mit dem Modell verglichen werden kann. Gleichzeitig hält sie aber auch die Ungeduld des Tatendrangs noch zurück. Die Kleidung der aufrecht stehenden Person ist in erdhaften Brauntönen gehalten, sie steht für ein organisches Vorgehen. Das Modell (der Globus) in der rechten Hand steht für das methodische Vorgehen. Beides zusammen verspricht Erfolg, den Erfolg, den die Person im Kopf hat und auch erreichen will.

◣ Der Weg zum Erfolg ist die saubere klare Planung. Das Feuer des Erfolgs oder die zündenden Gedanken, die vor jeder Umsetzung stehen, zeigen sich in der roten Kopfbedeckung.

Individuelle Deutung

◣ Mögliche Fragen:

◣ Kannst du gut planen? ◣ Wohin wollen deine zündenden Gedanken? ◣ Nimmst du dir genügend Zeit, um deinen Erfolg zu planen? ◣ Weißt du, dass du sowohl deinen Erfolg als auch deinen Misserfolg selber planst? ◣ Kannst du deine Aktionslust zu Gunsten einer sauberen Planung zügeln? ◣ Was bindet dich, was hält dich zurück? ◣ Brauchst du diesen aufwändigen Schutz? ◣ Wo ist dein Platz in der Welt und wie gehst du dort hin? ◣ Hast du so lange Zeit für die Planung? ◣ Wirst du von deiner Perfektion gefangen gehalten? ◣ Solltest du nicht einfach loslegen? ◣ Wie gewinnst du den Überblick? ◣ Welches ist der nächste Schritt? ◣ Wann geht es los? ◣ Welche Methode bringt dich weiter? ◣ Hast du dein Projekt fest in Händen? ◣ Führt deine Planung in eine realistische Umsetzung?

Auslegung zur Karte

3

1

2

1 ◣ Diesen Plan soll ich in die Tat umsetzen.

2 ◣ Das schützt mich in der Phase der Vorbereitung.

3 ◣ So wird die Realisation aussehen. Das ist die Perspektive.

DREI der STÄBE

»Unterwegs zu neuen Möglichkeiten«

Auf den ersten Blick

Du bist unterwegs. Eile nicht suchend in der Welt umher und nimm das Erstbeste, sondern steh still und lass das Leben an dir vorbeiziehen. Vertrau dir und du wirst zum richtigen Zeitpunkt das Richtige erkennen.

Allgemeingültige Bedeutung

Ein Mensch auf Wanderschaft steht auf einer Erdkuppe und hält einen von drei austreibenden Stäben in seiner rechten Hand. Der Boden ist fruchtbar, die Stäbe sind bereits zu kleinen Bäumen herangewachsen und strotzen förmlich vor Kraft und Vitalität.

Der Wanderer ist in ein buntes lebensfreudiges Gewand gekleidet. Die gelbe Fläche, die auf den ersten Blick aussieht wie ein reifes Kornfeld, entpuppt sich bei näherem Hinsehen, wenn wir nämlich die drei Segelschiffchen erkennen, als goldener Fluss oder goldenes Wasser, das von Sonnenstrahlen durchflutet ist. Welch ein Standort, so vor dem goldenen Fluss zu stehen! Im Hintergrund locken in weiter Ferne hell-violette Berge.

Welches Boot soll der Reisende nehmen? Die tiefe Ruhe, mit der er auf festem Boden steht, den Rücken seiner Vergangenheit zugewandt, vor ihm alle Möglichkeiten, mit dem Leben zu fließen, gibt keinen Anlass zur Hektik. Im richtigen Moment steigt er in das richtige Boot und findet seine Bestimmung.

Es gibt zwei verschiedene Möglichkeiten zu suchen und zu finden. Bei der einen liegt der Schwerpunkt auf dem Suchen; man bewegt sich von Ort zu Ort, bis das Gewünschte gefunden ist. Die andere Möglichkeit bedeutet, stehen zu bleiben und die Welt an sich vorbeiziehen zu lassen, bis das Richtige vor dem eigenen Auge erscheint.

Unser Wanderer wählt hier die zweite Möglichkeit, die des Findens.

Individuelle Deutung

Mögliche Fragen:

Erkennst du all deine reichen Möglichkeiten? Hast du die Qual der Wahl? Welche Abenteuerlust lockt dich in die Ferne? Wem oder was drehst du den Rücken zu? Bist du gut gerüstet für deine Wanderung durchs Leben? Hast du genügend Halt auf deiner Reise? Nimmst du dir genug Zeit, um alle Möglichkeiten zu prüfen? Treibt dich deine Ungeduld in die Falle, das Erstbeste zu wählen? Was gibt dir diesen starken Rückhalt? Folgst du der Vision deiner Träume? Packst du an, was du schon lange machen wolltest? Folgst du deinem inneren Feuer auf der Reise? Was treibt dich an, so unterwegs zu sein? Was gibt dir solche Ruhe in deiner Aktionslust? Spürst du deine Lebensfreude? Fühlst du dich allein unterwegs, abgewandt vom Alten und noch nicht beim Neuen?

Auslegung zur Karte

2

1

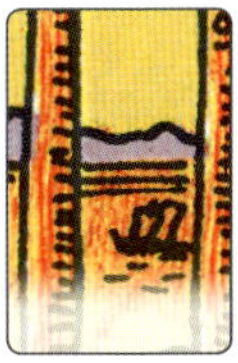

3

1 So ist mein Weg und auf diesem Boden bin ich unterwegs.

2 Diese Kraft unterstützt und begleitet mich. Sie hilft mir, den richtigen Zeitpunkt für die nächsten Schritte zu finden.
Dies ist mein Halt im Unterwegs-Sein.

3 Das ist meine Aussicht. So sieht meine unmittelbare Zukunft aus.
Das ist der richtige nächste Schritt.

VIER der STÄBE

»Versöhnter Abschied«

Auf den ersten Blick

Im Wissen darum, welche alten Lebensinhalte du hinter dir zurücklässt, kannst du versöhnt und klar deinen Weg gehen und das Tor des Lebens neu durchschreiten, eine Brücke zu neuen Ufern schlagen.

Allgemeingültige Bedeutung

Durch dieses kraftvolle, blumengeschmückte Tor ist es gut hindurchzugehen und eine Station des Lebens zu verlassen. Ein festlicher Auftakt begleitet den Auszug aus der Stadt. Versöhnt ist dieser Abschied, von der Umgebung, den Menschen mitgetragen, begleitet von guten Wünschen.

Eine Brücke zu etwas Neuem kann geschlagen werden. Die alten Gemäuer, die alten Muster mit ihren roten Türmen können gut verlassen werden und nach dem Abschied mit der Zeit zu schönen Erinnerungen werden.

Dieser Aufbruch ist lustvoll, freudig und steht unter einer guten Sonne. Die an den Maibaum erinnernde Symbolik macht dieses Bild zur hoffnungsvollen Frühlingskarte. Die vier bekränzten Stäbe bilden eine klare Struktur, einen Rahmen für die wachsende Energie des Aufbruches.

Individuelle Deutung

Mögliche Fragen:

Welche inneren Räume solltest du lüften und ihnen Sonnenlicht geben? Erkennst du deine alten tragenden Muster? Spürst du im Moment Frühlingskraft in dir austreiben? Welche Brücke möchtest du wohin schlagen? Wen oder was möchtest du zurücklassen? Welche Versöhnung ist jetzt nötig? Kennst du Abschiede ohne schlechtes Gewissen? Welche Leute unterstützen dich bei deinen Schritten? Welche Stätte deines Seins lässt du gerade hinter dir und kannst freudig gehen? Wohin willst du aufbrechen? Begleitet dich sonnige Hoffnung auf deinen Schritten? Welche Menschen sind Wegbereiter in deinem Leben? An was wirst du immer freudig zurückdenken, wenn es Vergangenheit wird?

Auslegung zur Karte

2

1

3

1 Diese alten Muster, Ideen, Gewohnheiten darf ich zurücklassen. Das soll versöhnte Vergangenheit werden.

2 Mit dieser Kraft soll der Neubeginn entstehen. Dieses Ritual soll ich zwischen dem Alten und dem Neuen vollziehen.

3 Diese Brücke zum Neuen soll ich schlagen. Dieser Schritt führt mich in die Zukunft.

FÜNF der STÄBE

»Gemeinsame Spielregeln finden«

Auf den ersten Blick

Jedes lustvolle Spiel und jede wichtige Auseinandersetzung brauchen gemeinsame Regeln, damit die Kräfte nicht destruktiv, sondern vereint nützlich werden. Gemeinsam erreicht jeder mehr. Handle in diesem Sinne.

Allgemeingültige Bedeutung

Fünf Menschen agieren mit ihren Stäben auf gleicher Ebene. Sie tanzen miteinander oder sie setzen sich im Kraftspiel mit ihrem inneren Feuer auseinander. Im Spiel liegt Ernst und im Ernst liegt Spiel. Das Feuer der Stäbe und die Triebe markieren Spielfreude an diesem Kräftemessen. Alle fünf haben die genau gleichen Voraussetzungen, niemand ist im Vor-, niemand im Nachteil und doch sind es fünf Individuen mit unterschiedlicher Kleidung. Alle sind gleich und doch steht jede Person für sich und ist anders.

Es ist eine Gruppe, ein Team, das sich zusammenrauft. Sie suchen Spielregeln und gemeinsame Rahmenbedingungen, in denen sie motiviert handeln und ihr Feuer umsetzen können.

Tatenlust kennzeichnet dieses Bild unter blauem Himmel auf fruchtbarem Boden.

Individuelle Deutung

◣ **Mögliche Fragen:**

◣ Beeinflusst dein Beitrag das Ganze? ◣ Nimmst du deine Lust am Handeln wahr? ◣ Zu welchem Team möchtest du gehören? ◣ Gehörst du dazu? ◣ Was tust du dafür? ◣ Bringst du dich mit Ideen und allem, was dir wichtig ist, ein? ◣ Hältst du dich zurück und lässt die anderen machen? ◣ Fühlst du dich ausgeschlossen, nicht zugehörig? ◣ Wie könntest du dein Feuer einbringen? ◣ Mit wem hast du Lust, etwas gemeinsam auf die Beine zu stellen? ◣ Kannst du dich mit deinen zündenden Gedanken einbringen? ◣ Akzeptierst du andere Meinungen? ◣ Fällt dir der Schlagabtausch schwer oder leicht? ◣ Nimmst du den gemeinsamen Boden wahr, obwohl ihr unterschiedlich seid? ◣ Bist du teamfähig? ◣ Getraust du dich, vor anderen Menschen zu deiner Meinung zu stehen?

Auslegung zur Karte

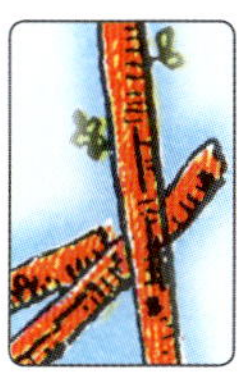

3

2

1

1 ◣ Dieser gemeinsame Boden ist notwendig, um etwas zu bewirken. Diese Rahmenbedingung, diese Regeln geben Sicherheit.

2 ◣ Das ist mein eigenes Feuer, mein Beitrag zum Ganzen. Das ist meine persönliche Motivation. Das will ich unbedingt einbringen.

3 ◣ Damit muss ich rechnen, damit muss ich mich auseinandersetzen. Diese anderen, unterschiedlichen Ansichten muss ich akzeptieren.

SECHS der STÄBE

»Lorbeeren krönen den Erfolg«

Auf den ersten Blick

◣ Freu dich an deinem Erfolg, an deinem Sieg, der keine Verlierenden zurücklässt. ◣ Du bist getragen von deiner Umwelt.

Allgemeingültige Bedeutung

◣ Siegesgewiss und aufrecht sitzt der Reiter, den Kopf mit einem Lorbeerkranz geschmückt, auf seinem weißen Pferd und reitet entlang einem Spalier von Menschen, die ihn begleiten, die ihn feiern. Es ist offensichtlich ein festlicher Anlass unter strahlend blauem Himmel. Die Menschen, die zu Fuß neben dem Pferd gehen, tragen ihre blühenden Stäbe aufrecht, zeigen ihre Kraft, ihre Lebensfreude. Der Stab des Reiters ist wie sein Kopfschmuck mit Lorbeer bekränzt und mit einem roten Band umwunden; die Schleife flattert im Wind. Kleider und Kopfbedeckungen der Menschen leuchten in allen Farben des Lebens.

◣ Alle gehören zusammen, haben vielleicht ein Turnier abgehalten und feiern jetzt den Sieger und den gemeinsamen Sieg. Sogar das Pferd trägt eine grüne Decke, einen roten Zaum, wird mit farbigen Zügeln gehalten und scheint mit seinem Reiter im Augenkontakt zu sein.

◣ Leben und Aktionsfreude strahlen aus diesem Bild heraus, ein harmonisches Miteinander nach einer kraftvollen gemeinsamen Herausforderung.

◣ Es gibt keine Verlierer und Siegen ist nicht nur erlaubt, sondern wird gewürdigt.

Individuelle Deutung

Mögliche Fragen:

Welchen Sieg hast du kürzlich errungen? Feierst du deine Erfolge gebührend? Von wem erhältst du Unterstützung? Fühlst du dich von deiner Umwelt getragen? Erlaubst du dir, erfolgreich zu sein? Wirkt deine Freude ansteckend? Machst du dich kleiner als du bist? Fühlst du dich hoch zu Ross? Mit wem teilst du deine Freude? Liebst du kraftvolle Herausforderungen? Spielst du gerne? Möchtest du gewinnen? Darf man dir einen Kranz winden? Weißt du, wie man siegen kann ohne Verlierer zu hinterlassen? Fühlst du dich als Verliererin oder Verlierer? Fühlst du dich wie abgehoben, getragen vom Erfolg? Gönnst du anderen ihren Sieg? Kannst du den Sieg teilen?

Auslegung zur Karte

2

1

3

1 Das bin ich mit meiner Aufgabe.
Um das geht es jetzt.

2 Das ist mein Sieg.
Diesen Erfolg darf ich annehmen,
habe ich errungen.
Das habe ich gewonnen.

3 Das ist meine Umgebung,
die mich unterstützt.
Da fühle ich mich zugehörig
im Erfolg.
Das stärkt mich in meinem Tun.

SIEBEN der STÄBE

»Unerwartetes kommt hoch«

Auf den ersten Blick

Kämpf nicht länger gegen deine eigenen Impulse, die in deinem Innern oder im Äußeren hochkommen. Nutze deine Kraft, um sie zu erkennen, zu erneuern und sie in klare Grenzen zu verweisen.

Allgemeingültige Bedeutung

Kraftvoll steht diese Person mit beiden Füßen auf dem Boden und wehrt mit einem Stab die sechs Stäbe ab, die vor ihr hochkommen. Das Gesicht zeigt Anstrengung und Entschlossenheit. Die Figur auf dem Bild hat Kraft und setzt sie für die bevorstehende Aktion auch ein.

Der Himmel ist blau, keine Wolke bedeckt ihn, alles ist klar. Der Boden ist grün mit wenig blau und grau. Vorne klafft jäh ein Abgrund aus grauem Fels.

Was kommt hoch? Feuerstäbe, getrieben von einer Gegenkraft, streben machtvoll nach oben. Nichts scheint bedrohlich und doch ist die Person offenkundig überrascht von diesem Überfall der getriebenen Kräfte.

Der Mensch grenzt sich vehement mit seinem quer gehaltenen Stab ab und schützt sich damit. Aber auch die sechs Stäbe ziehen in der Anordnung eines Zaunes eine Grenze, schützen vielleicht vor dem Herunterfallen in ein Loch.

Welche Kräfte begegnen sich hier? Es sind auf jeden Fall Kräfte, mit denen sich die Person auf dem Bild auseinandersetzen muss, woher sie auch immer kommen mögen.

Es sind eigene Themen; es ist niemand anderes auf dem Bild.

Individuelle Deutung

◣ **Mögliche Fragen:**

◣ Gegen wen oder was wehrst du dich so vehement? ◣ Welche Themen bedrohen dich? ◣ Bist du überrascht von dieser Gegenkraft? ◣ Was kommt bei dir hoch? ◣ Kannst du dich gut abgrenzen? ◣ Hast du Angst, in ein Loch zu fallen? ◣ Wehrst du dich gegen eine Auseinandersetzung mit deinen inneren Impulsen? ◣ Wovor hast du dich so erschrocken, dass du dich nur dagegen wehren kannst? ◣ Wirst du jetzt endlich handeln? ◣ Fürchtest du Rückschläge? ◣ Spürst du die Kraft in deinem Tun? ◣ Kannst du dich gut durchschlagen? ◣ Hast du Angst, dir die Finger zu verbrennen? ◣ Hast du sicheren Boden unter deinen Füßen? ◣ Erlaubst du dir die Konfrontation? ◣ Zeigst du Abgrenzung und den Willen zum Kampf? ◣ Was steht dir während deines Kampfes vor dem inneren Auge?

Auslegung zur Karte

1 ◣ Das kommt hoch.
Das bedroht mich.
Das sucht Auseinandersetzung.
Diese Impulse sollen mir bewusst werden.

2 ◣ Das ist meine Form der Auseinandersetzung.
Das halte ich dagegen.
Diese Grenze ziehe ich.
Das ist mein Kampfeinsatz.

3 ◣ Dieser Halt gibt mir Sicherheit.
Das ist der Boden, auf dem ich kraftvoll stehen kann.
Von hier aus kann ich mich mit den heraufkommenden Kräften messen.

ACHT der STÄBE

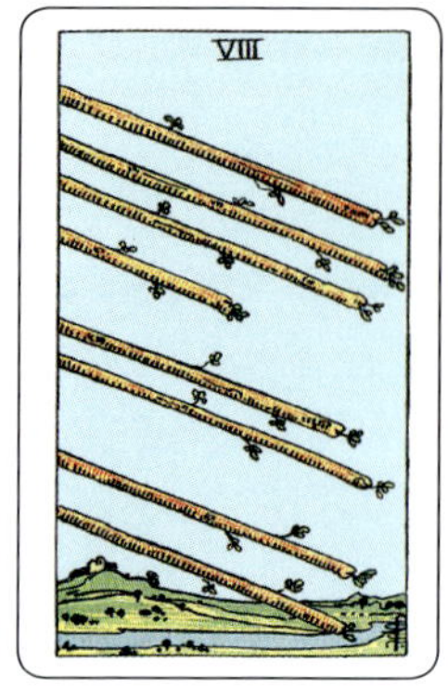

»Im Landeanflug«

Auf den ersten Blick

Etwas Feuriges will bei dir landen. Vielleicht ist es die Liebe. Auch wenn du noch nicht genau weißt, was es sein wird, bereite den nötigen Raum vor, damit diese Energie auch wirklich bei dir landen und vielleicht sogar Wurzeln schlagen kann.

Allgemeingültige Bedeutung

Ein Bild zeigt sich uns hier ganz ohne Menschen, dafür mit strahlend blauem Himmel und einem kleinen Fluss, der sich durch eine grüne Landschaft schlängelt. Wiesen säumen beide Flussufer, Bäume wachsen darauf und auf einem sanft ansteigenden Hügel im Hintergrund steht als einziges Zeichen für menschliche Präsenz ein Gebäude.

Im Vordergrund fliegen die acht Stäbe wie Speere zum Boden. Kraftvoll, lebendig, getrieben von Feuer, suchen sie sich einen gebührenden Landeplatz, wo sie Wurzeln schlagen, gedeihen und wachsen können.

Wer hat diese Pfeile aus heiterem Himmel wohl abgeschickt und wo werden sie landen? Alles ist noch in der Luft, aber dennoch ist klar, dass die Landung unmittelbar bevorsteht. Das Gesetz der Natur, die Schwerkraft der Erde will es so haben.

Ist wohl jemand bereit, Raum zu schaffen für diese Landung von ansteckendem Feuer, lässt sich wohl jemand anzünden?

Gibt es ein »Happy Landing«?

Individuelle Deutung

◣ Mögliche Fragen:

◣ Bist du bereit, dich von jemandem bereichern zu lassen? ◣ Kannst du freudig annehmen? ◣ Können Überraschungen bei dir landen? ◣ Bist du drauf und dran, dich zu verlieben? ◣ Kann man bei dir landen? ◣ Machst du die Tür immer wieder zu, obwohl schon lange jemand anklopft? ◣ Wovor genau hast du Angst, wenn du dich für Unbekanntes öffnen sollst? ◣ Glaubst du an die Liebe auf den ersten Blick? ◣ Was treibt dich zur Unruhe? ◣ Spürst du deine Urtriebe? ◣ Wer oder was darf bei dir landen? ◣ Versprühst du deine Energie in alle Winde? ◣ Gibst du deinem Lebensfluss fruchtbare Ufer? ◣ Was darf in deinem Leben lustvoller werden? ◣ Ist für dich Vorfreude die schönste Freude? ◣ Erlaubst du dir überhaupt, dich ohne Wenn und Aber zu verlieben? ◣ Wartest du schon lange auf etwas? ◣ Hast du dem Lebensglück Platz gemacht?

Auslegung zur Karte

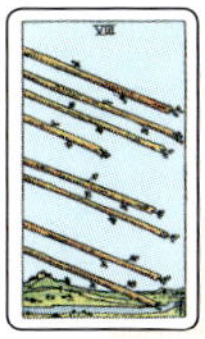

1

3

2

1 ◣ Das will zu mir fliegen.
Das will bei dir landen.
Diese Kraft möchte zu mir und mich anzünden.

2 ◣ Auf diesem Boden kann es bei mir landen.
Diese Gefühle empfangen das Neue.

3 ◣ Das entsteht bei der Begegnung zwischen dem was auf mich zukommt und meinem Boden auf dem es landen kann.

NEUN der STÄBE

»Alte Verletzung«

Auf den ersten Blick

Lass dein Misstrauen endlich los und reiß nicht wieder deine alten Wunden auf. Die Zeit hat dich geheilt. Es ist niemand mehr da, der dich verletzt.

Allgemeingültige Bedeutung

Dieser Mensch verwendet seine ganze Aufmerksamkeit auf die Möglichkeit, dass jemand kommen und ihn angreifen könnte. Krampfhaft umklammert er einen Stab mit beiden Händen und sucht so Halt. Hinter ihm ist ein Zaun von weiteren Stäben, die eine klare Grenze ziehen zur grünen Natur, zum organischen Wachstum. Davon schließt der Mensch sich selber aus.

Sein Kopf zeigt einen Verband, der auf eine Verletzung aus der Vergangenheit hindeutet. Sie ist der Grund für sein Misstrauen und für seine Wachsamkeit gegenüber der Umwelt. Es ist jedoch niemand auf dem Bild; keine Bedrohung ist sichtbar.

Er bewacht sein Leben, seinen Garten und genau damit verhindert er, dass er seine vorhandenen Ressourcen leben und den Garten nutzen kann.

Die vergangene Verletzung, einem Trauma gleich, geistert immer noch in seinem Kopf herum und engt ihn ein. Mit seinen endlos kreisenden Gedanken reißt er die Wunde immer wieder neu auf, so dass sie gar nicht heilen und das Erlebnis Vergangenheit werden kann.

Individuelle Deutung

◣ **Mögliche Fragen:**

◣ Welche alte Geschichte geistert dir immer noch im Kopf herum? ◣ Bist du nachtragend? ◣ Wer oder was hat dich denn einmal verletzt? ◣ Woher kommt dein Misstrauen? ◣ Brauchst du wirklich so viel Halt und Sicherheit? ◣ Merkst du, dass du deine sprühende Kraft selber blockierst? ◣ Glaubst du, dass die Zeit heilt? ◣ Pflegst du deine Wunden, damit sie heilen können? ◣ Weshalb musst du deine Wunde immer wieder aufreißen? ◣ Wem gegenüber bist du so misstrauisch? ◣ Ist dein Misstrauen angebracht? ◣ Ist es wichtig, deinen Garten zu verteidigen und zu schützen? ◣ Ist momentan eine Portion Vorsicht angebracht? ◣ Auf welche Angriffe wartest du eigentlich? ◣ Wie kannst du deine Gedanken heilen? ◣ Weißt du eigentlich, wie viel Wachstumskraft du hast? ◣ Fühlst du dich erstarrt? ◣ Darf dein altes traumatisches Erlebnis geheilt werden?

Auslegung zur Karte

1

2

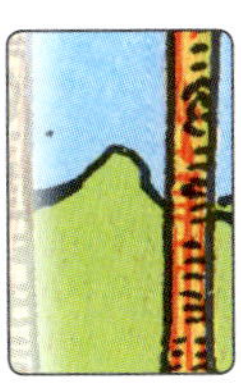

3

1 ◣ Diese alte Geschichte ist noch in meinem Kopf.
Dieser alte Schmerz lässt die Wunde nicht heilen.

2 ◣ Das ist die Wirkung auf mich und auf andere.
So sehen meine Ablehnung und mein Misstrauen aus.

3 ◣ Das ist mein Garten.
Das sind meine Ressourcen.
Erst wenn ich mich umdrehe, erkenne ich diese Weite.

ZEHN der STÄBE

»Bündelung der Kräfte«

Auf den ersten Blick

Bündle erst deine Kräfte und verschleudere sie nicht in alle Himmelsrichtungen. Es würde dich überfordern. Obwohl du sofort handeln möchtest und bereit zu sein scheinst, warte auf den richtigen Moment und bereite dich konzentriert auf den großen Wurf vor.

Allgemeingültige Bedeutung

Eine Person umfasst mit kraftvollen Armen ein Bündel von zehn austreibenden Stäben. Der Figur auf dem Bild scheint es nicht an Kraft zu fehlen, auch ihre Beine sind muskulös und die voranschreitenden Füße haben festen Halt auf dem Boden. Dennoch verharrt der Mensch in der gebeugten Geste. In seiner Blickrichtung liegt ein Gebäude. Bäume sind zu sehen und links vom Haus ein Stück Ackerland. Aber es gibt eine Grenze zu diesem Teil des Bildes, die er überschreiten möchte.

Klammert er sich an die Stäbe oder fügt er ihre geballte Kraft in einem Zentrum zusammen? Sein Blick ist verstellt durch die Fülle der Stäbe.

Alles strotzt vor Kraft, und doch geht gar nichts. Bereitet er sich auf den großen Wurf vor, oder ist er mit dieser Last momentan einfach überfordert?

Sieht er vor lauter Bäumen den Wald nicht oder bremst er sein großes Feuer des Getriebenseins?

Die Kräfte sind vorhanden, aber es ist nicht Zeit, sie abzufeuern.

Individuelle Deutung

◣ **Mögliche Fragen:**

◣ Hast du genug Kraft, diese Last zu tragen? ◣ Überfordern dich deine eigenen Ansprüche? ◣ Wohin treiben dich diese Kräfte? ◣ Was siehst du, wenn du loslässt? ◣ Kannst du dein eigenes Feuer ertragen? ◣ Holst du zum großen Wurf aus? ◣ Was verdeckt dir die Sicht? ◣ Müssen es alle sein? ◣ Was treibt dich zu solchem Kraftaufwand an? ◣ Worauf bereitest du dich kräftemäßig vor? ◣ Was ist das Ziel deines großen Engagements? ◣ Sammelst du deine Kräfte für ein großes Ereignis? ◣ Hast du die Geduld, zu warten bis du genügend Kraft hast? ◣ Was hältst du so fest zusammen? ◣ Möchtest du am liebsten alles von dir werfen? ◣ Was ist im Zentrum deines Feuers?

Auslegung zur Karte

3

2

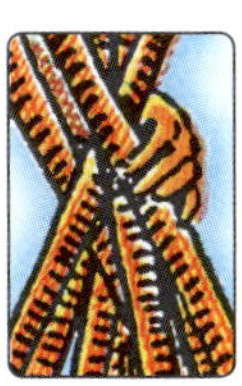

1

1 ◣ Das ist meine Last.
Diese Bürde trage ich im Moment.
Das halte ich fest.

2 ◣ Das bin ich.
Das ist meine Konzentration.
Das ist das Zentrum meiner Kraft.

3 ◣ Das ist der Lohn meiner Bemühungen.
Das wird aus dem ganzen Kraftaufwand resultieren.
Dieser Wurf wird mir gelingen.

PAGE der STÄBE

»Von Inspiration getrieben«

Auf den ersten Blick

Du bist bereits unterwegs, hast die nötige Kraft, den inneren Antrieb und Lust auf deine Reise mit noch unbekanntem Ziel. Sei sorglos und wandere weiter.

Allgemeingültige Bedeutung

Neugierig und leichten Herzens zeigt der Jüngling im Feuerkleid Interesse für die Triebe an seinem Stab. Wo treiben sie ihn wohl hin? Mit beiden Händen hält er den Wanderstab, der ihm Halt und Kraft gibt, um durch die Wüste zu wandern, durch Land, wo noch nichts wächst. Die Feder auf seinem Hut gibt ihm genug Narrenfreiheit, einfach drauflos zu marschieren.

Er ist ein kleiner Verwandter des NARREN, teilt seine ungetrübte Lebensfreude und das Ungebundensein, jedoch steht er bereits bewusster im Leben als sein großer Bruder.

So kraftvoll und frei von Leistungsdruck unterwegs zu sein macht Spaß. Sein inneres Feuer brennt, treibt ihn immer weiter, seiner noch wenig bewussten Bestimmung entgegen. Dieses Feuer entflammt und winkt mit Erfolg.

Er will die Welt entdecken, sie kennen lernen und von ihr bereichert, inspiriert werden für seinen Weg in die Welt der Zivilisation.

Individuelle Deutung

◣ **Mögliche Fragen:**

◣ Welches Feuer treibt dich an und will brennen? ◣ Welche Lust und Kräfte in dir ersparen dir Müdigkeit? ◣ Erlaubst du dir, die Verantwortung einmal abzugeben und einfach deinem Feuer zu folgen? ◣ Ist deine Sorglosigkeit angebracht? ◣ Was treibt dich, Neuland zu entdecken? ◣ Nimmst du im Unterwegssein dein inneres Kind auch an die Hand? ◣ Ist der Weg das Ziel? ◣ Nimmst du dir Zeit und Raum, um deine Welt zu entdecken? ◣ Fühlst du dich frei, dein Feuer, deine Impulse zu leben? ◣ Was gibt dir Halt in einer dynamischen Zeit? ◣ Ist es einfach eine Lust, unterwegs zu sein? ◣ Hast du überhaupt ein Ziel, brauchst du eines? ◣ Erlischt dein Antrieb wie ein Strohfeuer? ◣ Reicht dein Feuer, dein Motor, aus, um durch das Nichts hindurchzuwandern? ◣ Was lebt in deiner Wüste?

Auslegung zur Karte

3

2

1

1 ◣ Das ist mein Weg.
Mit dieser Beschaffenheit meines Wegs muss ich rechnen.

2 ◣ Das ist mein Antrieb, mein Motor.
Das hält mich auf dem Weg und unterstützt mich.

3 ◣ Dafür brennt mein Feuer.
Darauf ist meine ganze Aufmerksamkeit gerichtet.
Das ist meine Inspiration, der ich folgen soll.

RITTER der STÄBE

»Kraftvoller Übermut«

Auf den ersten Blick

Dein Temperament will fliegen. Gönn dir den Übermut und die Lust am Leben und lande nach dem Sprung wieder auf sicherem Boden.

Allgemeingültige Bedeutung

Lustvoll und tatendurstig ist dieser Ritter unterwegs. Feuer scheint dem wilden Pferd unter den Hufen zu brennen und Flammen schlagen aus dem Helm des Reiters und aus seinem Rücken. Diese Flammen treiben den Ritter zu feurigen Gedanken an und geben ihm Schubkraft. Die Feuersalamander auf seinem Kleid scheinen gar zu tanzen. Der Ritter hält den Stab fest in der Hand, als ob er ihn zurückhalten müsste vor noch wilderem Galopp.

Alles ist in Bewegung, alles drängt vorwärts.

Einzig die karge Wüstenlandschaft liegt ruhig und einsam im gleißenden Licht. Ist sie Durchgangsstation oder vorläufiges Ziel der Reise? Die Wüste lebt und birgt unzählige Geheimnisse.

Was treibt den Ritter wohl dorthin? Aktionswille, Bewegungsdrang, Abenteuerlust, Entdeckerfreude oder die Motivation, im noch kargen Land selber etwas zu vollbringen, zu erzeugen?

Individuelle Deutung

Mögliche Fragen:

Kannst du dein Temperament kaum zügeln? Wo führt dich deine Abenteuerlust hin? Genießt du deine Kraft? Tut dir dein Übermut gut? Darfst du übermütig sein? Erlaubst du dir unbändiges Tun? Bist du wild? Was macht dich so übermütig? Liebst du es, lustvolle Sprünge zu vollziehen? Möchtest du tanzen? Brauchst du Bewegung? Welcher zündende Gedanke feuert dich so an? Ist deine Inspiration umsetzbar? Was möchtest du entdecken? Gehst du auf Entdeckungsreise? Hast du eine kraftraubende Lebensweise? Was bindet dich? Was hält dich zurück? Möchtest du am liebsten losspurten? Braucht dein inneres Feuer neue Nahrung?

Auslegung zur Karte

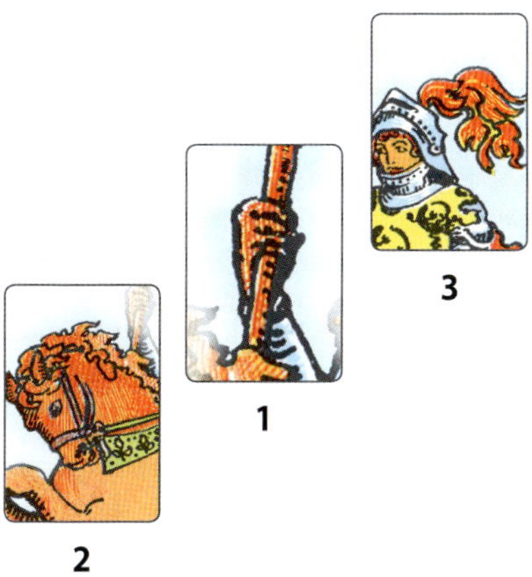

1 Diesen zündenden Impuls trage ich bei mir. Er feuert mich an weiter zu gehen.
Das ist meine Inspiration zur Vision.

2 Das ist meine Gangart, mein Tempo. So bin ich unterwegs; mit diesem Gefährt treibe ich die Lösung vorwärts.

3 Diesen Schutz bietet mir meine Rüstung.
Es ist gut, mich im Niemandsland so zu schützen.

KÖNIGIN der STÄBE

»Selbstbewusste Weiblichkeit«

Auf den ersten Blick

◣ Dank deiner großen inneren Freiheit schaust du der Welt offen, stolz und bewusst ins Angesicht. Du bestimmst und tust, was dir gefällt. ◣ Gib der Umwelt den gleichen Freiraum, den du dir nimmst.

Allgemeingültige Bedeutung

◣ Die Königin der Stäbe strahlt eine große Gelassenheit und Ruhe aus. Sie fühlt sich sicher und kennt ihre Macht und Wirkung. Sie trägt den Stab in der einen und die Sonnenblume in der anderen Hand. Rechts packt sie mutig den Stab des Feuers, um selber zu bestimmen und etwas zu bewirken.

◣ Die Sonnenblume in ihrer linken Hand schafft die sichtbare Verbindung des weiblichen Erdelements zum männlichen Feuerstab. Feuer und Erde verbinden sich.

◣ Ihre konfrontative Haltung strahlt ein hohes Maß an Selbstbewusstsein aus, ohne abweisend zu wirken. Sie bewegt sich als Frau in einer männlich dominierten Welt und man übersieht sie nicht.

◣ Der Stab ist das Symbol der Zeugung; es ist der Phallus selbst.

◣ Sie sprengt den Rahmen der Konvention und nimmt ihn selber in die Hand. Sie ist eine konstruktive Herausforderung für die Welt, eine interessante Persönlichkeit, die sich Respekt verschaffen kann als Frau, eine Führungsfrau.

◣ Sie weiß, wie sie ihr Feuer einsetzt. Eine schwarze Katze sitzt zu ihren Füßen als Zeichen ihrer weiblichen Magie.

Individuelle Deutung

◣ **Mögliche Fragen:**

◣ Nimmst du das Feuer in dir wahr? ◣ Erlaubst du dir selbstsicheres Auftreten in der Gesellschaft? ◣ Stellst du dich ins Rampenlicht? ◣ Kennst du deine Macht und erlaubst du sie dir? ◣ Wofür und wie möchtest du deine Kraft leben? ◣ Wie feuerst du deine Umwelt an? ◣ Gibst du dem Zauber der weiblichen Kraft eine Chance? ◣ Wer ist diese Frau? ◣ Kennst du diese Frau oder bist du sie selbst? ◣ Kannst du dich exponieren und gleichzeitig abgrenzen? ◣ Hast du deinen feurigen Stolz gern? ◣ Verbrennst du fast vor Anstrengung? ◣ Was ist deine größte Motivation? ◣ Wie verschaffst du dir den nötigen Respekt in der Welt? ◣ Kennst du deine Kompetenzen? ◣ Durchbrichst du kraftvoll die Muster des Sich-anpassens?

Auslegung zur Karte

1

2

3

1 ◣ In diese Richtung geht mein Blick.
Dieser Konfrontation schaue ich in die Augen.
Diesem Thema stelle ich mich.

2 ◣ Auf diese Art und Weise soll ich es konkret anpacken.
So gelingt die Umsetzung.

3 ◣ Das ist meine spezielle Magie.
Dieser Zauber begleitet mich.
Das ist meine mit mir verbündete Helferkraft.

KÖNIG der STÄBE

»Feuer und Verantwortung«

Auf den ersten Blick

▶ Bändige deine feurige Ungeduld. Paare sie mit der Verantwortung, die du für wichtige Unternehmungen aufbringen sollst. So gelingen deine Vorhaben kraftvoll.

Allgemeingültige Bedeutung

▶ Kraftvoll und mit viel Sonnen-Feuer sitzt dieser König auf seinem Thron, der verziert ist mit machtvollen Löwen und Feuersalamandern. Auf dem Thron und auf dem weiten Mantel des Königs ringeln sich die Salamander zu vollkommenen Kreisen zusammen. Nur einer ist auf dem Boden, auf gleicher Ebene wie die Füße des Königs und blickt in dieselbe Richtung; es ist sein Schutztier.

▶ Gelbe Flammen züngeln an der Krone über der rotbraunen Kopfbedeckung. Grüne Schuhe und ein grüner Umhang zeigen die gleiche Farbe wie die Triebe am Stab, welche Wachstum versprechen. Dafür trägt der König Verantwortung. Den Stab fasst er leicht mit seiner rechten Hand, stellt ihn tiefer auf den Boden als er selber sitzt. Seine linke Hand hat nichts zu tun, weist locker in die gleiche Richtung wie sein Blick, der in die Ferne zu schweifen scheint.

▶ Ihn treibt das innere Feuer an, und doch muss er auf seinem Thron sitzen bleiben um seiner Aufgabe als König gerecht zu werden.

▶ Er ist Herr über das Feuer.

Individuelle Deutung

Mögliche Fragen:

Welches Feuer treibt dich an? Kannst du deine Ungeduld kaum zügeln? Trägst du zu viel Verantwortung, so dass du gar nicht losfeuern kannst? Kommen auch andere in den Genuss deiner Inspiration? Wer ist dieser Mann? Kennst du diesen feurigen Mann oder bist du er selbst? Bist du Herr / Herrin über deine Triebe, dein Getriebensein? Was treibt dich zu Höchstleistungen an? Bist du von einem inneren Feuer getrieben? Kennst du deine wahre Motivation? Wie lautet dein Führungsmotto? Welche Kraft in dir will im Alltag ausgelebt werden? Welche krönende Idee im Leben zündet dich an? Findest du das Streichholz nicht, um deine Idee zu entzünden? Bist du ein Strohfeuer? Übernimmst du das Feuer anderer und kannst dein eigenes schlecht leben? Wie zeigt sich deine Feuerkraft?

Auslegung zur Karte

2

1

3

1 So sieht mein inneres Feuer aus.
Das treibt mich an und das gibt mir Sicherheit im Handeln.
Das möchte ich am liebsten losfeuern.

2 Diese Gedanken bremsen mich noch.
Das ist meine Art der Verantwortung.
So soll ich mit meinem Feuer umgehen.

3 Diese Schritte soll ich machen.
In diese Richtung soll ich gehen.
Es ist die Perspektive meiner Macht im Alltag.

Die Reihe der Kelche – *Wasser*

WASSER-Assoziationen

Das Element in der Natur – Wasser löst auf

Wasser ist eine chemische Verbindung von Wasserstoff und Sauerstoff. In flüssiger Form ist es für viele Stoffe ein Lösungsmittel. Wasser entspringt in Quellen und sucht sich stets den direktesten Weg, es fließt stetig nach unten: als Regentropfen, in Bächen, Wasserfällen, Flüssen und Strömen und verliert sich schließlich in der unendlichen Weite des Meeres. Jeder Tropfen Wasser verdunstet oder verliert sich im Meer. Wo Wasser fehlt, trocknet alles aus, wo es zu mächtig ist, wird alles flutartig überschwemmt.

Im übertragenen Sinn

Wasser nimmt immer den Weg des geringsten Widerstandes. Es lässt sich nicht kontrollieren, und seine Wellen ergreifen alles. Wasser ist ergreifend, wie es die Gefühle sind. Wasser bringt zum Leben, was schon da ist; es trägt in der Erde die Botschaften weiter. Wasser löst auf und verbindet; es reinigt und bringt zum Wachsen. Man spricht vom Lebenswasser – vom Wasser des Lebens. Wir können mit allen Wassern gewaschen sein, jemandem das Wasser reichen oder auch kein Wässerchen trüben. Stille Wasser gründen tief. Und zuweilen lösen wir uns in Tränen auf.

Mögliche Bedeutungen

Wasser ist ein weibliches Element. Es beinhaltet Emotionen, Gefühle, im Fluss sein, Wellen der Gefühle zulassen, fließen lassen, Heilung, Trauer, Freude, Liebe, Tränen des Lachens und des Weinens, Wehmut, Glaube, Hingabe, Widerstandslosigkeit, Kreativität, Passivität, Intuition, Illusion, Überfluss, Haltlosigkeit, Berührtheit, Erotik, im andern aufgehen, Unendlichkeit, sich verlieren, vereinnahmen, Unklarheit, Depression. Wasser ist auch der Mond.

ASS der KELCHE

»Quelle«

Auf den ersten Blick

◣ Schätze und nutze die Gabe, alle deine Gefühle wahrzunehmen und sie fließen zu lassen. Diese Verinnerlichung bringt dir Frieden. ◣ Ström mit dem Lebensfluss.

Allgemeingültige Bedeutung

◣ Das Ass der Kelche geht in seiner Bedeutung viel weiter als es Wasser allein könnte. Es ist der Urquell des Fließens; es ist Spiritualität als ewiger Fluss der höchsten Gefühle, es ist überströmende Fülle.

◣ Es verbindet oben mit unten, es verbindet alles. Es verbindet die Gefühle mit dem Sein. Es ist Sein, die in sich fließende Ewigkeit jeder Sekunde.

◣ Wasser geht den Weg des geringsten Widerstandes, es kämpft nicht, es fließt. Wasser ist fassungslos und unkontrollierbar. Es ist das Element, aus dem wir zum größten Teil gemacht sind.

◣ Wasser ist unsere erste Grundnahrung für Körper, Geist und Seele. Im Bild sprudelt das Wasser aus einem goldenen Kelch, es wird gefasst im Kelch der Wahrheit, und diese tiefe seelische Wahrheit liegt im ewigen Fluss des Lebens, die nur erahnt, aber nie wirklich begriffen werden kann.

◣ Die Quelle des Gefühlsreichtums sollen wir als Geschenk annehmen und ihre Heilwirkung zulassen. Zwar können wir die Quelle fassen, nie jedoch das Wasser. Wenn wir es greifen wollen, rinnt es uns zwischen den Fingern hindurch.

Individuelle Deutung

◣ Mögliche Fragen:

◣ Wie fühlst du dich heute? ◣ Glaubst du deinen Gefühlen? ◣ Willst du deine Gefühle fassen? ◣ Spürst du das Lebenswasser in deinen Adern fließen? ◣ Bist du spirituell mit allem, dem All verbunden? ◣ Bist du bereit dieses Geschenk der emotionalen Berührung anzunehmen? ◣ Sind dir deine Gefühle fast zu viel? ◣ Kennst du Momente der Glückseeligkeit? ◣ Nimmst du dir Zeit für die Muße des Seins? ◣ Kannst du aus vollem Herzen lachen und weinen? ◣ Was berührt dich? Was macht solche Berührung mit dir? ◣ Mit wem teilst du deine Gefühle? ◣ Spürst du das Zentrum deines Herzens, deines Urquells? ◣ Kannst du Gefühle zulassen, bei dir selbst und bei anderen? ◣ Fühlst du dich durstig? ◣ Wonach dürstet dich?

Auslegung zur Karte

2

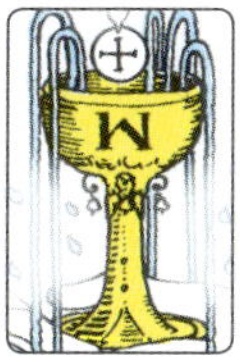

1

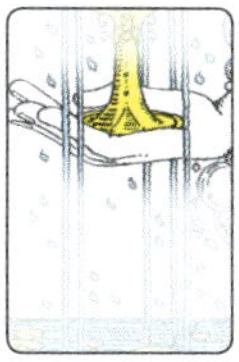

3

1 ◣ So soll ich meine Gefühle zulassen.
Damit komme ich ins Fließen.
Dem soll ich mich hingeben.
Das ist meine innere Wahrheit.

2 ◣ Dieser Friede steht über allem.
Das begleitet mich und führt mich
zu meiner inneren Wahrheit.

3 ◣ So wollen meine Gefühle weitersprudeln. So empfange ich sie und
so soll ich sie weitergeben.
Mit diesem Gefühl soll ich der Welt
die Hand reichen.

ZWEI der KELCHE

»Erotische Begegnung«

Auf den ersten Blick

◣ In wen oder was bist du verliebt? Spür die Glut des Feuers, sei mit ihm im Fluss und genieß die emotionale Begegnung ohne Einschränkungen.

Allgemeingültige Bedeutung

◣ Zwei Menschen stehen sich als Partnerin und Partner voll Zuneigung gegenüber. Sie sind sich in einer Gefühlsbeziehung zugewandt, die auf festem Boden gründet.

◣ Sie stehen im gleichwertigen Dialog miteinander. Die Verbindung ist bewusst eingegangen worden, und darauf kann als Ritual, als Besiegelung mit den beiden Kelchen angestoßen werden. Zwischen ihnen herrscht Einverständnis. Das Feuer des geflügelten Löwen schwebt über dem Paar und gibt ihnen sowohl emotionale Nähe als auch erotische Anziehung. Es zündet, und Lebenslust beflügelt diese Beziehung. Zwischen den beiden klappt es einfach ohne große Anstrengung.

◣ Es kann eine Form von Liebe auf den ersten Blick sein.

◣ Das Symbol der beiden Schlangen zeigt die Liebe als heilendes, verbindendes Element. Die beiden sind ein Paar, eine Partnerschaft eingegangen, und doch hat jede Person ihren eigenen Kelch, aus dem sie trinkt.

◣ »Füllet einander den Kelch, doch trinket nicht aus einem Kelche.« (Khalil Gibran, Der Prophet).

Individuelle Deutung

◣ **Mögliche Fragen:**

◣ Hast du dich verliebt? ◣ Schwelgst du in deinen Gefühlen? ◣ Von wem träumst du? ◣ Bist du dir bewusst, wie heilend Liebe für eine Partnerschaft ist? ◣ Wozu fühlst du dich beflügelt? ◣ Was ist das für ein Feuer, das in dir brennt? ◣ Mit wem und auf was möchtest du gerne anstoßen? ◣ Wem möchtest du die Hand reichen? ◣ Erlaubst du dir, Feuer zu fangen und dich zu verlieben? ◣ Darf dich deine eigene Erotik als Kraft berühren? ◣ Lebst du deine Gefühle in der Begegnung mit Menschen? ◣ Mit wem möchtest du näher verbunden sein? ◣ Welcher Pakt soll geschlossen werden? ◣ Wann machst du eine Flasche Champagner auf? ◣ Liebst du dich auch selber? ◣ Aus wessen Glas trinkst du die Lust der Gefühle?

Auslegungen zur Karte

Für Frauen:

1 ◣ So bin ich in der Beziehung zu dir.

2 ◣ So bist du in der Beziehung zu mir – aus meiner Sicht.

3 ◣ Dieses Feuer verbindet uns.

Für Männer:

1 ◣ So bin ich in der Beziehung zu dir.

2 ◣ So bist du in der Beziehung zu mir – aus meiner Sicht.

3 ◣ Dieses Feuer verbindet uns.

DREI der KELCHE

»Erntedankfest«

Auf den ersten Blick

◣ Es ist Erntedankfest. ◣ Bist du dir bewusst, was du alles erreicht hast, welch reiche Ernte sich in deiner Scheune als Schatz deiner Erfahrungen befindet? ◣ Sammle die Früchte deiner Arbeit, deine Erfolge ein, und feiere sie gebührend.

Allgemeingültige Bedeutung

◣ Drei Frauen tanzen, leichtfüßigen Grazien gleich, mit ihren drei Kelchen einen Reigen.

◣ Der Kreislauf der Natur hat sich zur Ernte geschlossen. Reifes Obst und Gemüse liegen auf der Erde, bereit die Scheunen für die Brachzeit zu füllen. Aber zuerst wird gedankt und gefeiert.

◣ Das Erntedankfest hat eine sehr lange Tradition und ist eine Ehrung an Mutter Natur, an Demeter und all die Erdgöttinnen auf der Welt, welche die Menschen reich mit Nahrung beschenken.

◣ Die Zahl Drei verweist auf die HERRSCHERIN. Diese Karte fordert zum Feiern der Erfolge auf. Wie Meilensteine sollen sie uns die Resultate unserer Arbeit bewusst machen.

◣ Durch die reifen Früchte ist in diesem Bild ein klarer Zeitaspekt zu erkennen: Der Herbst verweist darauf, dass eine Wachstumsperiode abgeschlossen ist und jetzt die Ernte eingebracht und gewürdigt werden soll.

Individuelle Deutung

◣ **Mögliche Fragen:**

◣ Kennst du die Früchte deiner Arbeit? ◣ Wenn du zurückblickst, welche Meilensteine des Erfolges kannst du erkennen? ◣ Lobst du dich auch selber? ◣ Lobst du andere Menschen? ◣ Würdigst du Arbeiten vollumfänglich oder schmälerst du das Lob mit einer Kritik? ◣ Mit wem feierst du am liebsten deine oder eure Erfolge? ◣ Lebst du nach dem Kreislauf der Jahreszeiten? ◣ Wie nährend sind deine Früchte? ◣ Bist du dankbar für all das, was du erreicht hast? ◣ Kennst du dein Wachstumspotenzial? ◣ Zählen bei dir auch die kleinen Früchte als Gewinn? ◣ Hast du Lust zum Feiern, zum Tanzen? ◣ Mit wem möchtest du ein Fest organisieren? ◣ Bist du ständig hungrig, nicht zu nähren? ◣ Siehst du nur die Arbeit, nicht aber deinen Lohn?

Auslegung zur Karte

1

3

2

1 ◣ Das bin ich in meiner Umgebung. So stehe ich im Leben und in der Begegnung mit mir vertrauten Menschen.

2 ◣ Das ist meine Ernte, die ich einbringen kann und die mir bewusst werden soll.
Das ist mein gereifter Erfolg.

3 ◣ So soll das Erntedankfest aussehen. Auf diese Weise würdige ich den Erfolg meiner Bemühungen. So bedanke ich mich bei mir und der Umwelt.

VIER der KELCHE

»In sich versunken sein«

Auf den ersten Blick

◣ Nichts, was du schon hast und auch nichts, was aus heiterem Himmel kommt, kann dich wecken und deine Augen für die Welt öffnen. Im Moment gibt es für dich nur dich selber in dir. ◣ Auf die Dauer ist es dir allerdings nicht möglich, die Augen für das, was kommt zu verschließen.

Allgemeingültige Bedeutung

◣ Ein starker Baumstamm stützt den Rücken eines Menschen, der in sich versunken, von der Umgebung abgewandt, auf der Erde sitzt. Seine Hände und auch seine Beine sind verschränkt, doppelt gekreuzt. Weder Handlung noch Schritte sind so möglich. Verharren, Abwarten, Zurücklehnen, Innehalten und Insichgekehrtsein drückt diese Körperhaltung aus. Der Blick ist nach innen oder ins Leere gerichtet.

◣ Der Kelch, der dem Menschen aus dem luftigen, heiteren, blauen Himmel angeboten wird, bleibt unbeachtet. Die drei Kelche, die bereits auf dem Boden der Realität stehen, scheinen in Vergessenheit geraten zu sein.

◣ Dieser Mensch scheint sein Schicksal nicht annehmen zu wollen. Was hindert ihn wohl daran. Braucht er noch eine innere Erkenntnis oder Erlaubnis, die Kelche anzunehmen und daraus zu trinken? Oder meditiert er einfach?

◣ Diese Karte erinnert uns an zwei andere: Aus heiterem Himmel kommt das Ass der Kelche im Kleinformat und zeigt den Kelch der Wahrheit.

◣ Der sitzende Mensch mag der GEHÄNGTE sein, hier am Boden vor dem Baum sitzend, auch in rot-blauer Kleidung und mit gekreuzten Beinen und Armen.

◣ Kann die Erlösung durch den Kelch kommen? Dies verweist auf den Moment der Kreuzigung Jesu, als er Gottvater bittet: »Lass diesen Kelch an mir vorübergehen!« Genau wie Jesus, kann auch der Mensch auf der Karte sein Schicksal nicht abwenden. Er muss aus dem Kelch trinken, ob süß oder sauer und gelangt nur so zur Einsicht, Wahrheit oder zur Erlösung.

Individuelle Deutung

◣ **Mögliche Fragen:**

◣ Was möchtest du verhindern? ◣ Weshalb möchtest du deinem Schicksal ausweichen? ◣ Weshalb ziehst du dich zurück? ◣ Siehst du die gefühlvollen Angebote nicht? ◣ Ist dir bewusst, dass du manchmal abweisend wirkst? ◣ Erlaubst du dir, dich anzulehnen und einmal gar nichts zu tun? ◣ Gönnst du dir eine Verschnaufpause, eine Auszeit? ◣ Findest du Halt? ◣ Lehnst du dich gern an Bäume? ◣ Fühlst du dich handlungsunfähig und zum Abwarten gezwungen? ◣ Kannst du keine Schritte tun, nur einfach da sein? ◣ Was steht vor dir auf dem Boden? ◣ Was liegt in der Luft? ◣ Siehst du, dass es schönes Wetter ist? ◣ Was siehst du in deiner inneren Welt? ◣ Brauchst du Anlehnung? ◣ Was erzählt dir der Baum?

Auslegung zur Karte

3

1

2

1 ◣ So bin ich in Gedanken versunken. Diese Gefühle, Sorgen, Wünsche kreisen in mir. So ziehe ich mich zurück.

2 ◣ Das ist vor mir, und ich beachte es nicht.
Das gehört zu meiner alltäglichen Realität, und ich erkenne es nicht.

3 ◣ Das wird mir angeboten, und ich sehe es nicht. Das soll ich annehmen, auch wenn ich noch zögere.

FÜNF der KELCHE

»Trauer um einen Verlust«

Auf den ersten Blick

◣ Betrachte deine Trauer, gib ihr Zeit und nimm den Verlust wahr. ◣ Danach kannst du dich umdrehen und erkennen, was du noch alles auf deinem Weg neu findest.

Allgemeingültige Bedeutung

◣ Ein Mensch, ganz in Schwarz gekleidet, steht am Fluss des Lebens und blickt auf drei umgeworfene, ausgeleerte Kelche. Was hat er verloren, in welchen Gefühlen erfährt er wohl eine Leere?

◣ Seine Haltung mit dem geraden Rücken ähnelt der des EREMITEN aus den großen Arkana (IX). Jedoch ist der Blick dieser trauernden Figur auf der Karte der fünf Kelche nicht in meditativer Versenkung nach innen gerichtet, sondern ganz auf den Verlust der drei Kelche fixiert.

◣ Er braucht Zeit um zu verstehen, was er verloren hat, um es zu verkraften und seinen Gefühlen den Lauf zu lassen, den sie brauchen.

◣ Er braucht Zeit, um aus seiner eigenen inneren Leere wieder herauszukommen. Die Trauer nimmt ihn ganz in Beschlag und lässt ihn noch nicht erkennen, dass das Wasser weiterfließt, dass es ein anderes Ufer gibt, sogar eine Brücke, die darüber führt und dass er sich nur umzudrehen braucht, um zu erkennen, dass noch zwei gefüllte Kelche hinter ihm stehen.

◣ Er hat nicht alles verloren.

Individuelle Deutung

Mögliche Fragen:

Was hast du verloren? Worum trauerst du? Kannst du dich kaum lösen von deiner großen Traurigkeit? Verstehst du den Verlust? Worum kreisen deine Gefühle? Nimmst du dir genügend Zeit um zu trauern? Gefällt dir das Gefühl der Trauer? Kannst du dich am besten den traurigen Gefühlen hingeben? Möchtest du weinen? Ist es gut für dich, allein zu trauern? Kennst du diese introvertierten Phasen in deinem Leben? Solltest du nicht die Grundhaltung ändern, dich umdrehen? Erkennst du überhaupt, dass das Leben dir noch viel zu bieten hat? Ist dir bewusst, dass du einen eingeschränkten Blick hast? Fehlt dir ein Gespräch mit einem anderen Menschen? Möchtest du die Augen öffnen für das, was dich erfüllt im Leben? Kannst du deine Sicht ändern, dich umdrehen? Brauchst du Hilfe?

Auslegung zur Karte

1

1 So geht es mir momentan.
Das ist meine Grundstimmung.
Das bin ich.

2 Das ist der Grund für meine Leere oder Trauer.
Um diesen Verlust geht es mir.
Das habe ich verloren.

2

3

3 Das steht hinter mir.
Das stärkt mir den Rücken.
Das entdecke ich, wenn ich mich umdrehe.

SECHS der KELCHE

»Geschenk aus uralten Tagen«

Auf den ersten Blick

◣ Erkenne das Geschenk deiner Ahnungen und nimm es an, auch wenn es aus einer andern Welt zu kommen scheint, die auf den ersten Blick nichts mit unserer Realität zu tun hat.

Allgemeingültige Bedeutung

◣ Wie ein Märchen fängt uns die Stimmung dieses Bildes ein. Ein kleines Mädchen blickt zu einer zwergähnlichen Gestalt empor und empfängt einen mit Blumen gefüllten Kelch. Alle anderen Kelche sind ebenfalls mit weißen Sternenblumen bepflanzt.

◣ Die Begegnung findet im Schutze der Stadtmauer oder des Hofes statt. Ein Wächter in Grau geht zum Turm, lässt die beiden in ihrer Begegnung ungestört.

◣ Unwirklich erscheint diese Szene, wie aus einer anderen Welt, die nichts mit dem heutigen Alltag zu tun hat. Aus dieser Welt überbringt die Karte ihr Geschenk.

◣ Es ist nicht in erster Linie materiell, sondern entstammt einer alten Wurzel, kommt von den Ahninnen oder Ahnen oder eben aus einer anderen Welt hinter der Grenze des Bewusstseins. Es verbindet uns mit dem zeitlosen Universum, der Welt der übersinnlichen Wesen.

Individuelle Deutung

◣ **Mögliche Fragen:**

◣ An welches Gefühl erinnert dich dieses Bild? ◣ Welche Ahnung weckt es? ◣ Ist es etwas, was du längst vergessen hast? ◣ Anerkennst du deine Wurzeln? ◣ Welche Geschenke deiner Ahnen können dich heute berühren? ◣ Darfst du sentimental sein? ◣ Glaubst du an die Kraft deiner Herkunft? ◣ Fühlst du dich verbunden mit der alten Welt? ◣ Liebst du Märchen? ◣ Nimmst du das Geschenk in kindlicher Freude an? ◣ Was berührt dich jetzt innerlich? ◣ Welche Gefühle tauchen plötzlich aus ungeahnten Tiefen auf? ◣ Kennst du die Bedeutung dieses Geschenks für dein Sein in der Welt? ◣ Welche Ahnin, welcher Ahne beschenkt dich? ◣ Welche Gefühle verschenkst du? ◣ Weißt du, dass du umso mehr hast oder erhältst, je mehr du gibst? ◣ Bist du im Fluss deiner Geschichte?

Auslegung zur Karte

2

1

3

1 ◣ So werde ich beschenkt.
Das ist mein Geschenk.

2 ◣ Von da, aus diesem Ursprung
stammt mein Geschenk.

3 ◣ So bin ich und so soll ich
das Geschenk annehmen.

SIEBEN der KELCHE

»Fantastische Fantastereien«

Auf den ersten Blick

◣ Fantasien, Illusionen und Luftschlösser können dir das eingeschränkte Blickfeld öffnen. ◣ Aber denke daran: Sie sind nicht zu verwechseln mit der Alltagswirklichkeit.

Allgemeingültige Bedeutung

◣ Eine schemenhafte Gestalt, einem Schatten gleich, scheint zu zaubern. Oder dirigiert sie ein Orchester launischer Klänge aus anderen Sphären? Was ist hier auf diesem Bild Wirklichkeit und was ist Schatten oder liegt in den Wolken?

◣ Die Gestalt ist schwarz, hat keine Farbe, sie gibt sich uns nicht zu erkennen und zieht trotzdem unsere Aufmerksamkeit magisch an. Die farbigen und reich gefüllten Kelche schweben in den Wolken, wohl für das Auge sichtbar, aber für die Hände unerreichbar. Lockendes und Schreckendes, Geheimnisvolles und Bekanntes entspringt den Kelchen.

◣ Alles scheint möglich, aber nichts ist wirklich – eine Welt der Fantasien, der Illusionen, der Luftschlösser, der Träume und Hirngespinste.

◣ Die Realität ist in diesem Bild nicht vorhanden; es geht vielmehr darum, den Gefühlen und Gedanken alle Möglichkeiten zu geben, die uns über die Grenzen des Naheliegenden, des Realistischen tragen.

◣ Wenn der Mensch sich nicht vom Zauber der Fülle überwältigen lässt, sondern selber dirigiert, wird diese Quelle zum Brunnen der tausend Ideen. Brainstorming!

Individuelle Deutung

◣ **Mögliche Fragen:**

◣ Lässt du deiner Fantasie freien Lauf? ◣ Verlierst du dich gerne in Träumen? ◣ Schaust du über die Grenze in eine irrationale Welt? ◣ Was siehst du in deinen Luftschlössern? ◣ Ist im Moment ein unerschöpfliches Brainstorming angezeigt? ◣ Verlierst du dich in deiner diffusen Gefühlswelt? ◣ Welcher Kelch zieht dich am meisten an? ◣ Was hoffst du hervorzuzaubern? ◣ Glaubst du an Wunder? ◣ Ist das nicht etwas viel, was du dir da vor Augen führst? ◣ Helfen dir diese Illusionen weiter oder verhindern sie Klarheit? ◣ Bist du enttäuscht, wenn deine Luftschlösser platzen wie Ballons? ◣ Ziehen dich diese Geheimnisse magisch an? Weshalb? ◣ Wer bist du, wenn du so fühlst?

Auslegung zur Karte

2

1

3

Zuerst wählen, welcher der sieben Wolkenkelche am meisten anzieht:

1 ◣ Das ist mein heimliches Thema, darum geht es in meiner Fantasie.

2 ◣ Das soll mir zum Thema eröffnet werden. Darum geht es wirklich. Dieses Geheimnis soll ich lüften.

3 ◣ So soll ich mich verhalten. Diese Handlung ist sinnvoll einzunehmen.

ACHT der KELCHE

»Getrübte Klarheit«

Auf den ersten Blick

◣ Schreite kraftvoll voran. Du hinterlässt eine Lücke, und das Licht der Klarheit ist vorübergehend verdunkelt. ◣ Geh trotz Verunsicherung weiter; du wirst den Berg erklimmen.

Allgemeingültige Bedeutung

◣ Ein seltsames Bild zeigt sich hier. Ist der Himmelskörper die Sonne, der Mond oder sind es alle beide, und wie verhält sich das Licht der beiden Gestirne? Diese Konstellation ist nicht alltäglich, sie ist unüblich, aber für diese Szene entscheidend wichtig: Der Mond schiebt sich vor die Sonne und verdeckt mit seinem schattigen Nachtwesen ihr klares Tageslicht. Die Unklarheit verdeckt die Klarheit.

◣ Zugleich ist es logisch, dass dies kein Zustand ist, der andauert, sondern dass es sich um einen vorübergehenden Prozess handelt.

◣ Dieses Wissen um die Sonnenfinsternis scheint auch den Menschen mit roten Stiefeln und rotem Mantel zu unterstützen, der kraftvoll auf seinem Weg vorwärts schreitet. Ohne zu zögern verlässt er einen Ort und hinterlässt eine Lücke der Gefühle zwischen den acht Kelchen.

◣ Den Fluss des Lebens hat er bereits überquert, seinem Ufer entlang steigt er zum Berg hinan, der vor ihm liegt.

◣ Sein Ziel liegt noch im Dunkeln, irgendwo hinter diesem Berg vielleicht. Auch wenn ihn keine Klarheit umgibt und der Mond die Sonne vorläufig trübt, ihre Wärme und ihr Licht versteckt, geht der Mensch mit seinem lichtgelben Wanderstock zielsicher seinen Weg.

Individuelle Deutung

◣ **Mögliche Fragen:**

◣ Erträgst du die Unklarheit des Momentes? ◣ Kannst du auch Schritte tun, ohne alles genau zu wissen? ◣ Welche Kraft unterstützt dich auf deinem unsicheren Weg? ◣ Weißt du, was du zurücklässt? ◣ Kannst du es wagen, eine Lücke zu hinterlassen? ◣ Schaffst du es, für die nächsten Schritte einfach deine Gedanken loszulassen? ◣ Wenn du nicht weißt, wohin es geht, was gibt dir dann Halt? ◣ Schätzt du das sanfte Licht des Mondes? ◣ Sind deine Gefühle in Wallung? ◣ Solltest du schon lange einen Schritt aus diesem Zustand heraus machen? ◣ Was hindert dich daran, deiner Kraft zu vertrauen und einfach im Unklaren fortzuschreiten? ◣ Was bringt es, zu warten bis du Klarheit hast? ◣ Gibt es überhaupt richtige Klarheit oder liegt ohnehin immer etwas im Dunkeln? ◣ Was erahnst du im Dunkel deiner Gefühle? ◣ Freust du dich im Voraus, dass du am Ziel deinen Weg erkennen wirst? ◣ Bist du kräftig genug, diesen Berg zu erklimmen?

Auslegung zur Karte

1 ◣ Diese Lücke soll ich zurücklassen.
Mut zur Lücke dieser Gefühle!
Das soll ich verlassen.

2 ◣ Das trübt im Moment meinen Verstand.
Das muss ich annehmen, auch wenn ich es nicht verstehe.
Das verunsichert mich im Moment.

3 ◣ Diesen Berg soll ich schaffen.
Diesen Weg soll ich gehen.
Das ist mein Thema, mit dem ich unterwegs bin.

NEUN der KELCHE

»Abgrenzung der Gefühle«

Auf den ersten Blick

◣ Deine Gefühlsvielfalt und dein Gefühlsreichtum sind für alle wahrnehmbar und sichtbar, aber nicht berührbar. ◣ Schauen ja – Anfassen nein!

Allgemeingültige Bedeutung

◣ Zufrieden scheint dieser Mensch zu sein, und er fühlt sich offensichtlich wohl in seiner Haltung. Die Pokale seiner Sammlung stehen im Hintergrund und zeigen eine große Vielfalt an Gefühlen; ein wahrer emotionaler Reichtum präsentiert sich in Reih und Glied.

◣ Die Kelche sind Symbole für gefühlvolle Erlebnisse, Stimmungen und emotionale Berührbarkeit. Nach vorn zeigt sich dieser Mensch in seinem weißen Kleid offen gegenüber den Betrachterinnen und Betrachtern. Seine rote Mütze und die wachen Augen lassen auf Lebendigkeit schließen, er strahlt Großzügigkeit aus.

◣ Doch die Arme sind verschränkt; er hält sich zurück und grenzt sich ab, ohne abweisend zu sein. Seine Abgrenzung verweist auch die Betrachtenden in ihre Schranken. Niemand würde sich hier erlauben, einfach einen Kelch zu greifen. Gefühlsübergriffe sind so unmöglich. Sein Gefühlsreichtum im Hintergrund gibt diesem Menschen Schutz und Rückendeckung.

◣ Die Kelche stehen in Distanz zu ihm auf Kopfhöhe, auf der Höhe des Bewusstseins. Er weiß, dass er viel Gefühl hat, muss es aber nicht immer leben. Er wahrt Distanz und zeigt trotzdem Gefühl. Er konfrontiert auf der Gefühlsebene, nimmt seine Gefühle bewusst auf und strahlt sie aus.

◣ Die blaue Farbe des Tuchs symbolisiert Wasser oder auch Luft. Erst durch das Benennen werden die Gefühle bewusst.

Individuelle Deutung

◣ **Mögliche Fragen:**

◣ Kennst du deine vielfältigen Gefühle? ◣ Was fühlst du jetzt? ◣ Wen oder was lässt du gefühlsmäßig nicht an dich herankommen? ◣ Bist du dir der Distanz zu deinen Gefühlen bewusst? ◣ Wie grenzt du dich ab? ◣ Übertrittst du manchmal Grenzen? ◣ Kannst du dich genügend abgrenzen? ◣ Gefällt es dir so, wie du dich jetzt fühlst? ◣ Was ist das Besondere an deiner offenen Haltung? ◣ Bist du gewinnend? ◣ Was ist der Grund, dass du dich gefühlsmäßig zurückhalten musst? ◣ Macht es dir Spaß, Gefühle zu zeigen? ◣ Bist du für die Welt berührbar? ◣ Bist du ein Genussmensch? ◣ Erlaubst du dir, in Gefühlen zu schwelgen? ◣ Übertreibst du manchmal mit deiner emotionalen Palette?

Auslegung zur Karte

1

2

3

1 ◣ Das ist meine momentane Gefühlswelt.
Darum geht es mir.
Das soll mir bewusst werden.

2 ◣ Das ist meine Art der Kontaktaufnahme.
So trete ich vor die Welt.

3 ◣ Das ist meine Form der Abgrenzung.
So ziehe ich meinen Schutzkreis.

ZEHN der KELCHE

»Heile Welt«

Auf den ersten Blick

◣ Nach dem Wirken einer reinigenden Energie ist die Welt wieder in Ordnung. Eine heile Welt ist auch eine heilende Welt, in der im Moment alles stimmt und zu der du gehörst. ◣ Freu dich daran.

Allgemeingültige Bedeutung

◣ »Der Himmel hängt voller Geigen« – so mutet die Stimmung auf dieser Karte an. Unter einem Regenbogen aus zehn Kelchen umarmt sich ein Paar, zwei Kinder fassen sich an den Händen und hüpfen freudig umher.

◣ Ein starker gemeinsamer Boden trägt, die reiche Vegetation lässt Nahrung und das Wohnhaus Behaglichkeit erahnen. Ein freundlicher kleiner Fluss rundet das Ganze ab.

◣ Oder sind es die Wasserlachen und Pfützen des letzten Gewitters?

◣ Diese Glückseligkeit ist kein Dauerzustand; sie tritt nach einer Turbulenz, einem Gewitter, einem reinigenden Regenschauer ein. Der Regenbogen zeigt, dass die Unruhe vorbei ist, dass sich die Stimmung geklärt hat und die Welt wieder heil, heilend und gesund ist.

◣ Heilige Momente sind dies und deshalb zu würdigen; sie sind das tragende Fundament einer Beziehung.

◣ Auf dieser Karte ist das Bild der Familie als Muster von Gemeinschaft, von einer Sippe gewählt. Harmonie und Vollkommenheit entsteht nur, wenn alle aktiv dazu beitragen und doch alle sich selbst sein können.

Individuelle Deutung

◣ **Mögliche Fragen:**

◣ Bist du einfach glücklich in deinem Umfeld? ◣ Fühlst du dich geborgen? ◣ Kannst du deinen Beitrag zur Harmonie leisten? ◣ Mit wem kannst du dieses Glücksgefühl teilen? ◣ Wohin gehörst du? ◣ Erkennst du die Momente, wo einfach alles stimmt? ◣ Schätzt du die Klärung nach einem Sturm? ◣ Kannst du dunkle Gefühle loslassen und aufhellen? ◣ Wenn du deine Wohnung, dein Haus anschaust, freust du dich an der Schönheit? ◣ Ist dein inneres Kind auch glücklich? ◣ Bist du bereit, deinen Teil in der Gemeinschaft zu leisten? ◣ Lebst du in Harmonie? ◣ Wäre ein reinigendes Gewitter angezeigt? ◣ Wie heilst du deine Beziehungen?

Auslegung zur Karte

3

1

2

1 ◣ Das bin ich und so gehöre ich zur Welt.
So sieht meine gefühlsmäßige Verbundenheit mit dem Leben aus.

2 ◣ Das ist die Stimme meines inneren Kindes.
Das ist mein inneres Erleben.
Das will leben.

3 ◣ Diese Klärung braucht es.
Das soll ich klären und lösen.
Das soll ich erlösen.

PAGE der KELCHE

»Glaube an die Gefühle«

Auf den ersten Blick

◣ Du kannst gar nicht richtig glauben, dass die Gefühlswelt so schön sein kann. Gib dich hin und erfahre es in gesunder Neugier. ◣ Tauch ein in deinen Seelenfluss.

Allgemeingültige Bedeutung

◣ Unfassbar wie ein Fisch im Wasser und Wohlfühlen wie ein Fisch im Wasser! Der Page der Kelche glaubt es nicht ganz. Er will es begreifen, will den Fisch im Kelch fassen, will wissen, ob wirklich Fische im Wasser schwimmen, ob und wie Gefühle den Menschen emotional berühren. Er illustriert damit den Versuch, Gefühle zu erfassen, an Gefühle glauben zu lernen, bis er sie dann irgendwann einmal im großen Wasser frei schwimmen lassen kann.

◣ Jugendlich unbeschwert kokettiert er mit dem Fisch. Sogar der Fisch scheint darauf einzugehen.

◣ Der Fisch steht in der christlichen Tradition als Symbol für den Glauben. Das Christentum gehört ins Fische-Zeitalter.

◣ Alle Hofkarten der Kelche, auch der Page, zeigen eine Möglichkeit, wie mit Gefühlen umgegangen werden kann. Diese Karte zeigt uns die Auseinandersetzung zwischen Wissen und Glauben im Gefühlsbereich.

◣ Wissen wir, dass uns jemand liebt oder glauben wir es?

◣ Es sind zwei Welten: Glauben ist energetisch weiblich. Im Glauben kann man verweilen, sich hingeben. Glauben hat Verweil-Qualität.

◣ Wissen ist energetisch männlich. Um zu Wissen zu gelangen, muss ein Weg zurückgelegt werden. Wissen hat Beweis-Qualität. ◣ Der Page nimmt den Kelch mit dem Fisch in die Hand und hält ihn sich vor Augen. Er sucht den Weg über eine Handlung vom Wissen zum Glauben.

Individuelle Deutung

◣ **Mögliche Fragen:**

◣Glaubst du an die Liebe, an die Gefühle? ◣Wo fühlst du dich wohl wie ein Fisch im Wasser? ◣Spielst du mit den Gefühlen? ◣Welche Wellen wogen in dir? ◣Was willst du genau wissen über Gefühle? ◣Kannst du verweilen und dich einfach dem Strom der Zeit hingeben? ◣Hast du Lust zum Spielen? ◣Wie gehst du mit Gefühlen um, mit deinen eigenen und mit denen anderer Menschen? ◣Kannst du gut lachen und weinen? ◣Was wäre, wenn du etwas einfach nie genau wissen könntest und es so sein ließest? ◣Zweifelst du an Gefühlen? ◣Bist du ein emotionaler Mensch? ◣Musst du es wissen oder kannst du es glauben? ◣Traust du deinen Gefühlen? ◣Traust du dich zu fühlen?

Auslegung zur Karte

1

2

3

1 ◣ So bin ich in meiner momentanen Gefühlswelt.
Das bin ich als emotionaler Mensch.

2 ◣ Daran glaube ich.
Das ist meine Mischung von Glauben und Wissen.
Damit soll ich mich gefühlsmäßig auseinander setzen.

3 ◣ Das ist mein Boden, meine Sicherheit.
Mit dieser Standhaftigkeit meistere ich die Wellen des Lebens gut.

RITTER der KELCHE

»Wahrheitssuche«

Auf den ersten Blick

◣ Du bist auf dem Weg der seelischen Wahrheit, auch wenn sie fast nur tropfenweise zu fließen scheint. ◣ Geh weiter. Im Weg liegt das Ziel.

Allgemeingültige Bedeutung

◣ Aufrecht und erhobenen Hauptes sitzt dieser Ritter auf seinem Pferd, welches majestätisch vorwärts schreitet. Seine blaue Rüstung scheint wie Wasser zu fließen, die lebendig roten Fische darauf ihn zu geleiten.

◣ Sein Helm und seine Fußbekleidung scheinen ihn auf Flügeln weiterzutragen und damit seinen beflügelten Gedanken und seinem Weg Unterstützung zu geben: Fließen und Fliegen, die Verbindung von Wasser und Luft.

◣ Der Kelch liegt leicht in seiner Hand und weist den Weg nach vorn, langsam und stetig der Wahrheit entgegen, der spirituellen Wahrheit oder der Wahrheit der Seele, die immer wieder neu gesucht und gefunden werden muss.

◣ Die Entwicklungsaufgabe des Ritters liegt darin, diese Herzenskraft zu suchen. Daran glaubt er und deshalb geht er weiter.

◣ Das Wahre liegt im Weg oder im Fluss. Wenn er es findet und festhalten will, verliert er es, wie Wassertropfen zerrinnen. Ein kleiner Fluss kreuzt seinen Weg. Er aber sucht die Quelle, den Ursprung der reinen Gefühle des Herzens.

◣ Das Pferd dieses Ritters gleicht dem Pferd des TODES in der großen Arkana, der letzten endlichen Wahrheit.

Individuelle Deutung

Mögliche Fragen:

Was ist für dich heute Wahrheit? Wer bestimmt, was wahr ist? Kennt dein Herz den Weg zu deiner Seele? Bist du ein spiritueller Mensch? Weißt du, dass der Weg das Ziel ist? Wo ist deine Quelle der Herzenskraft? Nimmst du deine wahren Gefühle ernst? Verlierst du den Pfad auch dann nicht, wenn der Weg unklar ist? Wie verbindest du dich mit der Wahrheit deines Herzens? Wohin tragen dich deine geflügelten Gedanken? Wohin fließen deine Gefühle? Bist du im Einklang mit dir und der Umwelt? Wohin trägst du die Wahrheit, wem überbringst du sie? Was ist für dich wahre Hingabe oder Hingabe ans Wahre? Von welcher Kraft bist du getragen? Was unterstützt deine Wahrheitssuche?

Auslegung zur Karte

3

1

2

1 Dies ist mein zentrales inneres Gefühl.
Das ist mein wahres Gefühl.
Das ist der Schlüssel zu meiner Herzkraft.

2 So bin ich unterwegs.
Diesen Weg soll ich gehen.
So sieht mein Weg zur Wahrheit aus.

3 Diese Gedanken beflügeln mich.
Das soll mir bewusst werden.
Das ist meine Gedankenfreiheit.

KÖNIGIN der KELCHE

»Im Fluss des zeitlosen Seins«

Auf den ersten Blick

◣ Du bist einfallsreich, im Fluss deiner Gefühle und äußerst kreativ. Gib dich den Wellen der Emotionen und dem Träumen hin. ◣ Genieß es – du brauchst momentan nichts umzusetzen.

Allgemeingültige Bedeutung

◣ Diese Königin scheint von ihrem Kelch so fasziniert zu sein, dass sie fast mit ihm verschmilzt. Sie sitzt weich auf ihrem Muschelthron und fließt mit ihrem Wasserkleid förmlich ins Meer hinein.

◣ Ihr Kelch ist der Schönste von allen Kelchen, jederzeit einzigartig und sie fühlt sich eins mit ihm.

◣ Ihre Welt ist die Welt des Wassers, der Gefühle, des Unmittelbaren. Wellen umspielen ihr Kleid und Wellen zieren ihren Mantel.

◣ Ganz wenig Rot zeigt an, dass sie lebendig ist und nicht nur selber ein Traum, eine Erscheinung der Fantasie.

◣ Sie ist Hüterin über das Wasserreich und selber Wasser. Sie geht, wie das Wasser, den Weg des geringsten Widerstandes und fließt passiv und hingebungsvoll mit den Strömungen ihrer Gefühle. Sie lässt alles laufen, ohne den Druck, etwas umsetzen zu müssen.

◣ Mit ihrer Kreativität, ihren Emotionen fühlt sie sich vertraut und in der Welt der wechselnden Gefühle zu Hause. Die Gezeiten des Meeres gehören zu ihrem Alltag.

Individuelle Deutung

◣ **Mögliche Fragen:**

◣ Erkennst du deine aktuellen Gefühle? ◣ Versinkst du in einem Meer von Sein, wo nichts um dich herum wichtig ist? ◣ Erlaubst du dir, in deinen Gefühlen zu baden? ◣ Stört dich deine Umwelt in deiner Selbstvergessenheit? ◣ Welche Gefühle, welche Gedanken fließen in dir? ◣ Kannst du dem Strom deiner sprudelnden Kreativität folgen? ◣ Was freut dich im Moment am Leben? ◣ Nimmst du deine Umwelt überhaupt noch wahr? ◣ Ist deine Passivität wirklich angezeigt? ◣ Kannst du die Dinge einfach sein lassen, laufen lassen? ◣ Welche Gedankengebilde bringt deine Fantasie an den Tag? ◣ Befindest du dich in einer Traumwelt? Tut sie dir gut? ◣ Fühlst du deine Hingabe ans Leben, ans bedingungslose Sein? ◣ Hältst du diesen Zustand aus? ◣ Setzt du dich unter Druck, aktiv sein zu müssen?◣ Wer ist diese Frau? ◣ Kennst du diese Frau oder bist du sie selber? ◣ Kannst du das Leben einfach genießen, so wie es gerade ist? ◣ Ist es gut, niemanden um dich herum wahrzunehmen und dich nur mit dir selber zu beschäftigen?

Auslegung zur Karte

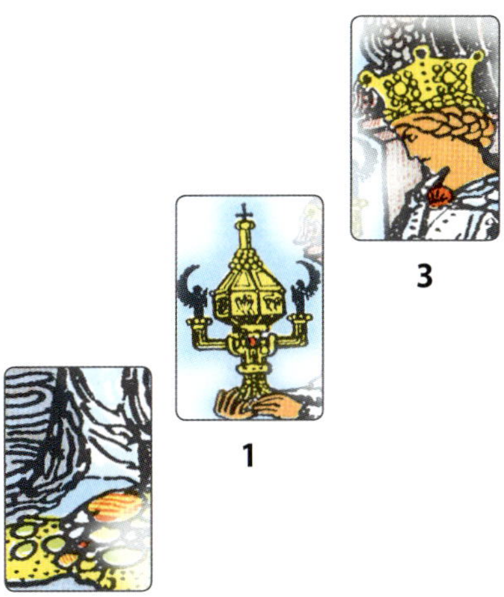

2

1 ◣ Das ist der Fluss meiner Gefühle.
Diese Fantasie soll ich daraus fließen lassen.
Diese Kreation will sich zeigen.

2 ◣ Diese Gefühle unterstützen mich dabei.
Dem soll ich mich hingeben.
Das soll ich zulassen.

3 ◣ Das soll mir bewusst werden.
Das soll ich weiterverfolgen.
Daraus kann ich etwas machen, wenn ich will.

KÖNIG der KELCHE

»Herr über die Gefühle«

Auf den ersten Blick

◣ Übernimm die Verantwortung für all deine Gefühle, nimm sie wahr und verdränge sie nicht.

Allgemeingültige Bedeutung

◣ Dieser König hat die schwierige Aufgabe, die Verantwortung für das Wasserreich zu tragen, über die Welt der Gefühle zu herrschen. Verantwortung setzt aber Bewusstheit voraus, und Gefühle wollen einfach fließen, gehören größtenteils in das unbewusste Empfinden der Menschen.

◣ Seine Herrschaft gelingt ihm auch nur, weil er seinen Thron auf einen Sockel stellt, der eine klare Distanz zum Wasser schafft. So ist er gleichzeitig nah am Wasser und droht aber nicht sich darin zu verlieren.

◣ Als König darf er es sich nicht leisten, sich einfach allen Gefühlen hinzugeben. Er muss den Überblick behalten. Die Wellen können wild und sanft um ihn herum tanzen ohne ihn zu stören. Wellen und Gefühle dürfen sein. Sogar Fische können sich im Wasser tummeln und springen wie im Hintergrund links, oder Schiffe können das Meer befahren wie auf der rechten Seite.

◣ Durch das blaue Kleid ist der König stark mit dem Wasser verbunden, ebenso aber mit dem Bewusstsein der Luft. Er trägt als Zeichen der Verbundenheit mit dem Wasser einen Fisch an seiner Kette am Hals.

◣ Kopfschmuck und Umhang sind gelb und rot und zeugen von kraftvollem, klarem und sonnigem Leben. Gefühle gehören zum Leben, fließen wie Wellen und Wasser durch jeden Tag hindurch.

◣ Als König der Gefühle ist er auch der König des Herzens.

Individuelle Deutung

◣ **Mögliche Fragen:**

◣ Bist du im Kontakt mit deinen Gefühlen? ◣ Trägst du die Verantwortung für deine Gefühle? ◣ Teilst du deine Gefühle mit anderen? ◣ Nimmst du Anteil an den Gefühlen anderer Menschen? ◣ Wer ist dieser Mann? ◣ Kennst du diesen Mann oder bist du er selber? ◣ Sind dir deine Gefühle bewusst? ◣ Bist du Herr oder Herrin über deine Gefühle? ◣ Kannst du akzeptieren, dass sich in deinem Hintergrund Sachen abspielen, die du nicht unter Kontrolle hast? ◣ Fällt es dir schwer oder leicht, Distanz zu deinen Gefühlen zu gewinnen? ◣ Wie machst du es, dass dir Gefühle bewusst werden? ◣ Bestimmst du über dein Leben mit dem Herzen? ◣ Hat das Herz bei dir das gewichtigste Wort? ◣ Fühlst du dich mit den Menschen verbunden? ◣ Welche Gefühle teilst du am liebsten? ◣ Bist du immer so distanziert? ◣ Bist du wirklich für diese Gefühle verantwortlich? ◣ Übernimmst du nicht zu viel Verantwortung?

Auslegung zur Karte

1 ◣ Das bin ich.
So ist mein Gefühls-Ich.
Das gehört klar zu mir und
soll mir bewusst werden.

2 ◣ Das ist meine Liebe zur Welt.
So fühle ich und das habe ich auf
der Ebene der Gefühle zu bieten.

3 ◣ Das kann ich nicht kontrollieren.
Das ist mein unberechenbarer Teil,
den ich einfach annehmen muss.

Die Reihe der Schwerter – *Luft*

LUFT-Assoziationen

Das Element in der Natur – Luft trocknet aus

Die Luft ist ein Gasgemisch mit Sauerstoff als bekanntestem Element. Sie bildet die Atmosphäre der Erde. Die Luft ist allgegenwärtig; sie zeigt sich in Form von Bewegung und wird fühlbar in Graden von Wärme und Kälte. Stufenlos kann die Luft in ihrem Auftreten von windstillen Momenten zum lauen Lüftchen, zu Windböen bis zum zerstörenden Orkan übergehen.

Im übertragenen Sinn

Luft verbindet die Menschen über die Atmung. Wir alle atmen dieselbe Luft wie unsere Mitmenschen ein und aus. Luft trocknet aus. Luft trägt die Samen überall hin. Luft ist Lebensatem – Odem. Alles was atmet, lebt. Atem ist Bewusstsein. Mir kann die Luft ausgehen. Er ist vielleicht ein Luftikus. Wir können die Nase in den Wind halten, uns nach jedem Windstoß ausrichten, unser Mäntelchen in den Wind hängen und uns mit dem Wind drehen. Wir können frischen Wind in eine Sache bringen oder frische Luft schnappen, an die frische Luft gehen oder gar jemanden an die Luft setzen. Vielleicht ist einer schnell wie der Wind. Und wie Luft manchmal schneidend kalt ist, so steht womöglich etwas auf Messers Schneide.

Mögliche Bedeutungen

Luft ist ein männliches Element. Es versinnbildlicht die geistige Ebene, Denken, Gedanken, Verstand, Bewusstheit, Imagination, Planen, Konzepte, Modelle, Bestimmung, Prozess, Spiritualität, Weisheit, Konflikt, Wahrheit, Wachtraum, Unruhe, Auseinandersetzung, Reise, Bewegung, Schnelligkeit, Grenzenlosigkeit, Assoziation, Metaebene, Geschichte, Zeit, Entscheid, Klarheit, Kampf, Ziel.

ASS der SCHWERTER

»Klarheit des Geistes«

Auf den ersten Blick

Nutze dein Potenzial der geistigen Klarheit und der hohen Bewusstseinsfähigkeit. Du findest die richtigen Worte.

Allgemeingültige Bedeutung

Das Ass der Schwerter weist den Weg nach oben; es durchsticht mit seiner Klinge die Krone des höchst Erdhaften. Gedanken können abheben, den Boden der zeit- und ortgebundenen Realität verlassen.

Das Schwert oder die Luft scheiden nicht nur die Geister, sondern ermöglichen, auf der Verstandesebene ungeahnte Höhen und Weiten: Erdenken, Ausdenken, Vordenken, Nachdenken, Mitdenken, Überdenken.

Das Ass der Schwerter ist das Geschenk der unbegrenzten Imagination, der großen Vorstellungskraft.

Die Klarheit des Verstandes, des Denkens, das bewusste Wahrnehmen, die Auseinandersetzung mit den Themen der Welt und die Möglichkeit, über die Sprache mit Menschen auf dem ganzen Erdball zu kommunizieren – all das schenkt uns die Luft.

Sag es dem Winde und die Welt wird es hören.

Individuelle Deutung

Mögliche Fragen:

Erlaubst du deinen Gedanken, die Grenzen der Erde zu verlassen? Wer hat in deinem Hinterkopf das Sagen? Dürfen sich deine Gedanken in ungeahnte Höhen schwingen? Sind deine Gedanken in der Vergangenheit verwurzelt? Kennst du deine Phantasie? Stellst du dir dich selber in der Zukunft vor? Welche Visionen hast du? Wohin denkt es in dir drin? Welche Pläne sind attraktiv? Mit wem redest du gern über Gott und die Welt? Bist du mitteilsam oder eher schweigsam? Kann dich der Austausch mit anderen Menschen zu geistigen Höhenflügen anregen? Verwirfst du geniale Gedanken oder schenkst du sie weiter? Liebst du den Wind in den Haaren? Was macht das mit dir?

Auslegung zur Karte

2

1

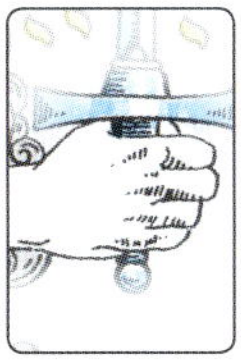

3

1 Diese Klarheit besitze ich. In dieser Art und Weise soll ich meinen Verstand nutzen.

2 Diese Grenze des scheinbar Möglichen muss ich durchstoßen; diesen Gedanken muss ich überdenken.

3 So fällt es mir leicht, die Klarheit angemessen in die Tat umzusetzen.

ZWEI der SCHWERTER

»Innerer Friede«

Auf den ersten Blick

Signalisiere mit deiner Haltung, deiner inneren Ausgeglichenheit, dass du in deinen Gedanken von nichts und niemandem gestört werden möchtest.

Allgemeingültige Bedeutung

Diese Karte zeigt einen Menschen in heller, fast weißer Kleidung am Ufer des Meeres oder eines Sees sitzend. Das Weiß deutet auf eine enorme Offenheit. Die Körperhaltung ist konzentriert und strahlt umfassende Wahrnehmung aus.

Gerade weil die Augen verbunden sind, richtet sich die Aufmerksamkeit nach allen Richtungen. Nur der Blick geht nach innen.

Der kleine zunehmende Mond und die beiden Schuhe sind leuchtend gelb wie die Sonne oder wie der Mond oder die Erleuchtung in beidem.

Dieser Mensch signalisiert mit den gekreuzten Armen und den beiden Schwertern, die die Richtung der Hände noch um vieles verlängern, klare Abgrenzung, sozusagen ein Stopp-Signal wie bei einer Bahnschranke, um sich den inneren Frieden zu sichern.

Im Hintergrund ist ein Meer von Wasser mit kleinen Inseln und fernen Ufern; Emotionalität prägt dieses Bild der inneren Gedanken.

Dieser Mensch sucht Stabilität zwischen Fühlen und Denken. Damit ihm das gelingt, muss er sich die Augen verbinden, um nicht von Äußerlichkeiten abgelenkt zu werden.

◣ Dieses Bild erinnert an die HOHEPRIESTERIN aus den großen Arkana. Diese kleine HOHEPRIESTERIN mit den zwei Schwertern braucht noch Schutz, um sich nicht aus der inneren Ruhe bringen zu lassen.

Individuelle Deutung

◣ **Mögliche Fragen:**

◣ Ist dir der innere Friede wichtig? ◣ Was hörst du, wenn du deine Augen geschlossen hast? ◣ Was sagt deine innere Stimme zu dir? ◣ Nimmst du hinter dir das Meer der Gefühle wahr? ◣ Was sieht dein inneres Auge? ◣ Wie definierst du für dich innere Stabilität? ◣ Was könnte dich in deiner Ruhe stören? ◣ Welcher Bewusstseins-Schritt soll jetzt passieren? ◣ Kannst du dich klar abgrenzen? ◣ Solltest du dich besser abgrenzen? ◣ Bist du deinen unbewussten Signalen auf der Spur? ◣ Lenken dich Signale von außen ab? ◣ Wie bringst du Verstand und Gefühl ins Gleichgewicht? ◣ Nutzt du den freien Denkraum hinter deinen Augen?

Auslegung zur Karte

1

2

3

1 ◣ Diesen inneren Zustand brauche ich.
Diesen Gefühlen träume ich innerlich nach.
Mein Wachtraum zu meiner Vision.

2 ◣ Damit schütze ich mich.
Das hilft mir, die Konzentration für den Blick nach innen aufrecht zu halten.
Das ist meine Unterstützung.

3 ◣ So zeige ich mich nach außen.
Diese Signale sende ich an die Umwelt.
So reagiere ich.

DREI der SCHWERTER

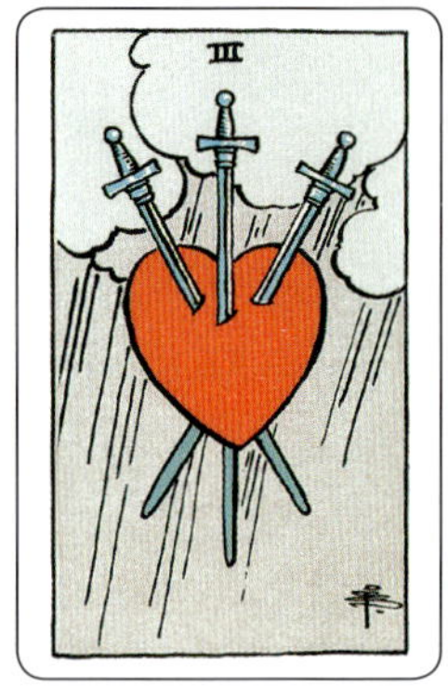

»Herzschmerz«

Auf den ersten Blick

◣ Nimm deine Verletzung wahr und ernst. ◣ Gib deinen Gedanken, deinem Schmerz Ruhe, Zeit und auch Tränen, damit er organisch heilen kann.

Allgemeingültige Bedeutung

◣ Ein verletztes, gebrochenes Herz, ein schmerzendes Herz ist auf dieser Karte zu sehen. Kein Mensch ist auf dem Bild, nur das Leiden selber in Form des von drei Schwertern durchbohrten Herzens. Kein Blut, aber viele Tränen. Es ist umwölkt, liegt in den Wolken; die Wetterstimmung ist bewölkt und regnerisch.

◣ Interessant, dass so viele Gefühle des Schmerzes den Karten der Schwerter zugeordnet sind, der Luft, dem Verstand. Schmerz ist zuerst eine Empfindung, wenn er körperlich ist oder ein Gefühl, das wir sofort analysieren und interpretieren. Der Herzschmerz findet also im Kopf statt, in den Ideen, Gedanken, der Wahrnehmung.

◣ Geschichten und Erlebnisse speisen den Schmerz und fordern Trauer und Heilung.

◣ Im Schmerz liegt die Heilung. Erst wenn die drei Schwerter aus dem Herzen gezogen werden, können die Wunden heilen. So gesehen, ist die Heilung selber schmerzhaft.

◣ Die Karte erinnert an die Mater Dolorosa, die sieben Schmerzen Marias.

Individuelle Deutung

◣ **Mögliche Fragen:**

◣ Was ist der Grund deines Leidens? ◣ Darfst du dir Zeit nehmen für die Trauer? ◣ Wem schenkst du deine Tränen? ◣ Hast du Liebeskummer? ◣ Wer oder was hat dich so verletzt? ◣ Hältst du am Schmerz fest? ◣ Nimmst du die Wunden deines Schmerzes ernst? ◣ Welche Gedanken schmerzen am meisten? ◣ In welcher Form würde dir Heilung gut tun? ◣ Getraust du dich, den Stachel, der im Fleisch sitzt, herauszuziehen? ◣ Sitzt deine Verletzung am Herzen tief? ◣ Kannst du dich selber heilen? ◣ Brauchst du Hilfe? ◣ Solltest du dich ausweinen? ◣ Wie lange brauchst du den reinigenden Regen? ◣ Weißt du, was hinter den Wolken ist?

Auslegung zur Karte

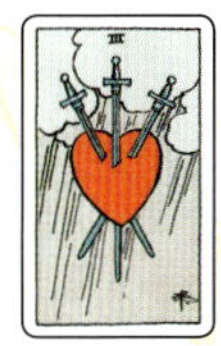

2

3

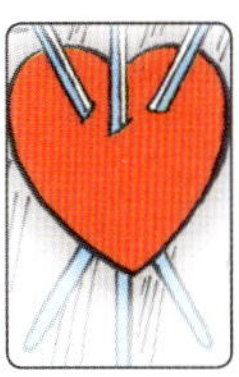

1

1 ◣ Das ist mein Schmerz.
Das sind meine Verletzungen, um die meine Gedanken kreisen.
Darum geht es.

2 ◣ In dieser Form kann ich mir meine Sorgen eingestehen.
So soll ich trauern.
Damit nehme ich den Schmerz ernst.

3 ◣ Auf diese Art und Weise wird meine Verletzung geheilt.
Darin liegt meine Heilung.
So erlöse ich mich vom Schmerz.

VIER der SCHWERTER

»Rückzug«

Auf den ersten Blick

Zieh dich zurück, in Entspannung, Meditation oder auf einsame Pfade. Zieh dich zurück zu dir selbst und lass die Ablenkungen des Lebens draußen.
Du wirst merken, wann der Zeitpunkt gekommen ist, wieder aktiv zu sein.

Allgemeingültige Bedeutung

Der untere Teil des Bildes ist ganz in goldenem Gelb gehalten, die sargähnliche Steinliege, das Schwert und der Mensch in seiner inneren Versenkung. Der Rückzug in die eigene Tiefe, die eigene Mitte, bringt Erkenntnis und bewusste Wahrnehmung.

Das Schwert der Klarheit und der Erleuchtung, des Bewusstseins liegt dem Schläfer zu Grunde. Nach außen schläft er, nach innen ist er aufmerksam, vielleicht in einem alpha-ähnlichen Zustand.

Die Hände bilden mit den Armen zusammen ein Dreieck, das wie eine Schwertspitze nach oben weist in die Sphären des Geistes, ins Universum.

Über dem Schläfer, der sich wie scheintot dem Nichts und somit dem All hingibt, sind drei Schwerter, die von oben nach unten zeigen und jederzeit bereit sind, ihre Wahrheit dem Menschen im Schlaf zu vermitteln. Dieser obere Teil ist in Grautönen gehalten, noch nicht durchsichtig. Der Zeitpunkt scheint noch nicht ganz reif, die Klarheit ist aber schon abzusehen.

Was keinen Platz hat in diesem kargen Raum, die Reinheit der meditativen Stimmung nicht stören darf, ist das bunte Leben draußen vor dem Fenster.

Hier spüren wir kein Warten, sondern hingebungsvolle Vorbereitung auf den richtigen Moment der Erkenntnis.

Individuelle Deutung

Mögliche Fragen:

Darfst du dich einfach zurückziehen? Entfliehst du der Hektik des Lebens? Brauchst du Erholung? Lenken dich Äußerlichkeiten in deinem Denken zu stark ab? Welche Gedanken musst du sortieren? Wie findest du Klarheit? Fällt dir das Denken leichter, während du dich auf deinen Atem konzentrierst? Hast du deine eigene Form von Meditation gefunden? Kannst du dich deinem Gedankenfluss hingeben? Findest du Ruhe? Erlaubst du dir eine klare Abgrenzung? Wie lange lebst du schon so zurückgezogen? Bist du reif für die Erkenntnis? In welcher Welt bist du im Moment gerade? Bist du der wahren Natur deiner Welt auf der Spur? Fühlst du dich unlebendig? Bist du vom Leben ausgeschlossen? Lässt man dich in Ruhe? Wird dein Rückzug akzeptiert? Wovor fliehst du in den Rückzug?

Auslegung zur Karte

2

1

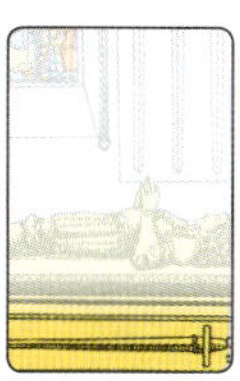

3

1 Diese Art der Meditation brauche ich.
Diese Form von Rückzug ist für mich entspannend.
In dieser Haltung finde ich Ruhe.

2 Das alles ist für mich im Moment störend.
Das soll ich von mir fern halten.

3 Darin schlummert meine wichtige Erkenntnis.
Diese Klarheit will mir bewusst werden.

FÜNF der SCHWERTER

»Sieg oder Verlust«

Auf den ersten Blick

◣ Lohnt sich der Kampf? ◣ Relativiere: Was verlierst du, wenn du gewinnst oder was gewinnst du, wenn du verlierst?

Allgemeingültige Bedeutung

◣ Drei Menschen und fünf Schwerter sind auf diesem Bild zu sehen. Die Wolken ziehen in Fetzen über den hellblauen Himmel, der aufzuklaren scheint. Das Wasser im Hintergrund ist ein wenig unruhig und das andere Ufer weit entfernt.

◣ Was ist hier vorgefallen, ein Kampf, ein Gefecht mit scharfen Zungen oder hat sich ein Missverständnis weiter verhärtet?

◣ Die Figur im Vordergrund hat drei Schwerter in Händen und schaut eigenartig über ihre rechte Schulter zu den anderen beiden Personen. Zwei Schwerter liegen wie nutzlos am Boden, hingeworfen oder zurückgelassen. Der Mensch links schultert seinen Mantel und verlässt den Kampfplatz, lässt ihn und den vermeintlichen Sieger mit den drei Schwertern allein zurück. Eine weitere Person steht ganz nah am Wasser und scheint den Tränen nahe, abgewendet und in sich gekehrt.

◣ Seltsam, auf dem Bild sind fünf Schwerter, aber nur drei Menschen, wovon der eine sogar drei Schwerter hat.

◣ Mit Abrechnung kann dieser Konflikt sicher nicht gelöst werden. Das geht nie auf. Besser Sie können alle FÜNF gerade sein lassen. Dieses Schauspiel zwingt zum Relativieren, was wohl einen Sieg ausmacht und was dabei verloren geht.

◣ Ist die Niederlage wirklich eine Erniedrigung?

◣ Ist es wirklich ein Gewinn, wenn ich zwar mit mehr als der Hälfte der Schwerter dastehe, aber verlassen bin?

Individuelle Deutung

◣ **Mögliche Fragen:**

◣ Wie lange kämpfst du schon und wie lange hältst du diesen Stress noch aus? ◣ Lohnt sich der Kampf? ◣ Was übersiehst du, wenn du nur deinen Sieg vor Augen hast? ◣ Ist dieser Schutz vor Verletzung wirklich optimal? ◣ Spürst du deine ungeweinten Tränen? ◣ Ist dir bewusst, wie viel Kraft diese Auseinandersetzung kostet? ◣ Möchtest du am liebsten davon laufen? ◣ Nagt Verachtung an deinem Herzen? ◣ Wie sieht dein innerer Kampfplatz aus? ◣ Könntest du nicht einfach aufhören? ◣ Wenn die Wolken wegziehen, was siehst du dann am Himmel? ◣ Was genau willst du eigentlich gewinnen? ◣ Vor welchem Verlust hast du Angst? ◣ Kannst du über deinen eigenen Schatten springen? ◣ Kannst du die FÜNF gerade sein lassen? ◣ Kannst du vergeben?

Auslegung zur Karte

1

1 ◣ Das ist mein Teil, der unbedingt Recht haben will.
So argumentiere ich für mich und mein Thema.

2 ◣ Das ist mein Anteil, der nichts mit all dem zu tun haben will.
Davor möchte ich am liebsten weglaufen.

3 ◣ Das ist die Stimme des Gefühls.
So fühlt sich mein Teil, der leidet.
Das ist die Stimme meiner Emotion.

3

2

SECHS der SCHWERTER

»Überfahrt«

Auf den ersten Blick

◣ Nach der Entscheidung, etwas zu verlassen, bist du nun mit etwas schwerem Herzen unterwegs. ◣ Es ist gut, das neue Land im Blickfeld zu haben und es ist gut, die alten Erlebnisse in die eigene Vergangenheit einzuordnen.

Allgemeingültige Bedeutung

◣ Diese Szene zeigt deutlich, dass die drei Menschen im Boot bereits etwas endgültig verlassen haben. Das alte Ufer liegt hinter ihnen, ist nicht mehr sichtbar. Der Auszug mit all seinen Konsequenzen ist vollzogen. Ihre Vergangenheit liegt bereits hinter ihnen.

◣ Die Haltung der Menschen zeigt, dass die Entscheidung sicher nicht leicht war. Die Farben des Bildes nehmen die leicht gedrückte Stimmung auf. Am anderen Ufer sind hellblaues Land und graue Bäume unter einem hellgrauen Himmel in Sicht. Nur die Sehnsucht, die Suche nach Neuland, nach einer Zukunft, die anders sein soll, zeigt sich im Moment als Ziel. Das einzig Wirkliche ist das Hier und Jetzt zwischen der verlassenen Vergangenheit und der noch nicht existenten Zukunft. Die Menschen in ihrem Boot sind in kraftvollem Braun, Grün und Grau gehalten, sie sind erdverbunden und präsent.

◣ Die Wellen der Gefühle sind links vom Boot ruhig, rechts sind sie aufgewühlt.

◣ Der Stab des Fährmannes ist schwarz wie der Tod. Etwas am zurückliegenden Ufer scheint gestorben zu sein, für immer verlassen.

◣ Das Leben fährt zum neuen Ufer mit Mann, Frau und Kind, mit allem, was es braucht. Einzig die Schwerter im Boot verweisen auf die Geschichte dieser

Menschen. Denn unsere Geschichte begleitet uns immer, auch wenn wir mit der Vergangenheit abgeschlossen haben. Menschen sind geschichtliche Wesen und tragen ihre Geschichten immer mit sich.

Individuelle Deutung

◣ **Mögliche Fragen:**

◣ Merkst du, dass du unterwegs bist zu etwas Neuem? ◣ Hast du mit etwas in deinem Leben abgeschlossen? ◣ Welche Gedanken begleiten dich ständig? ◣ Spürst du, dass du nicht allein bist? ◣ Wohin führt dich deine Sehnsucht? ◣ Hast du klare Vorstellungen von deiner Zukunft? ◣ Schaffst du den Übergang? ◣ Was wühlt dich an deiner Entscheidung so auf? ◣ Nimmst du dir genügend Zeit für deine Veränderung? ◣ Welche Pforte durchschreitest du? ◣ Machst du dir Gedanken über dein Leben? ◣ Kannst du einfach nicht vergessen? ◣ Was bedrückt dich? ◣ Kannst du dich begleiten lassen? ◣ Wünschst du dir Begleitung? ◣ Welchen Teil deiner Geschichte solltest du in die Vergangenheit entlassen? ◣ Spürst du das Hier und Jetzt? ◣ Hast du genügenden Schutz? ◣ Nimmst du die Kraft wahr, die dich führt?

Auslegung zur Karte

1

2

3

1 ◣ Das sind die Vorstellungen, die ich von meiner unmittelbar vor mir liegenden Zukunft habe.
Das will ich in Kürze erreichen.
Dieser Vision lebe ich entgegen.

2 ◣ Darum geht es. Das ist mein Grund, weshalb ich unterwegs bin.
Das ist das Thema meines Weges.
So ist es jetzt.

3 ◣ Mit diesen Gefühlen muss ich im Moment rechnen. Diese Wogen der Emotionen begleiten mich.

SIEBEN der SCHWERTER

»Auf leisen Sohlen davon«

Auf den ersten Blick

◣ Lass den Kampfplatz hinter dir liegen. Eine Auseinandersetzung muss nicht immer sein, und nicht um jeden Preis. ◣ Nimm einfach deinen Teil mit dir und geh.

Allgemeingültige Bedeutung

◣ Ein Mensch scheint sich auf leisen Sohlen davonzustehlen. Seine braunroten Socken und sein Hut sind verziert mit einer schwarzen Krause und haben etwas Witziges oder Edles an sich. Sein Beinkleid ist blaugrau, sein Hemd schneeweiß. Auch sein gepunkteter Rock hat etwas Närrisches, das Braun aber ist sehr erdhaft und wirklich.

◣ Was tut dieser Mensch da im grellen Sonnenlicht in der Klarheit des Tages? Er scheint es zu wissen, blickt jedoch noch etwas verstohlen zurück und ist unsicher.

◣ Ganz weit im Hintergrund bewegen sich Menschen in einer (Staub) Wolke. Es sieht so aus, als ob sie in ein Handgemenge verstrickt seien. Sie kämpfen auf ungleicher Ebene und mit verschiedenen Waffen gegeneinander.

◣ Rechts im Bild ziehen zwei aufrecht im Boden steckende Schwerter eine klare Grenze. Dahinter liegt eine Zeltstadt, die an ein königliches Kriegslager erinnert.

◣ Für die Person im Vordergrund ist eine Grenze erreicht. Sie trägt fünf Schwerter mit sich, ganz leicht in den beiden Händen und auf den Armen nimmt sie sie einfach mit. Es ist ihr Anteil an der ganzen Geschichte. Dieser Auseinandersetzung um die Wahrheit kann sie sich nicht entziehen.

◣ Aber es scheint eine bewusste Entscheidung zu sein, nichts mit all den anderen und ihren Geschichten mehr zu tun haben zu wollen. Eine Haltung, die nicht Auseinandersetzung um jeden Preis sucht, sondern auch einfach weggehen kann, bewusst mit dem eigenen Anteil.

Individuelle Deutung

◣ **Mögliche Fragen:**

◣ Bist du des ewigen Kampfes müde? ◣ Was spielt sich in deinem Hintergrund eigentlich ab? ◣ Welcher Macht entziehst du dich? ◣ Welchem fremden »König« dienst du? ◣ Schleichst du dich einfach weg? ◣ Welcher Auseinandersetzung gehst du aus dem Weg? ◣ Welche Anteile gehören zu dir, welche nicht? ◣ Kannst du einen Strich darunter ziehen? ◣ Bist du nachtragend? ◣ Ist noch eine Klärung notwendig? ◣ Wo ziehst du deine Grenze? ◣ Wird der Kampf mit ungleichen Mitteln ausgetragen? ◣ Ist dir deine Verstrickung in dieser Geschichte klar? ◣ Hast du ein schlechtes Gewissen, wenn du einfach so gehst? ◣ Erlaubst du dir, einen Schluss-Strich zu ziehen? ◣ Erlaubst du dir, einfach zu gehen?

Auslegung zur Karte

3

2

1

1 ◣ Das soll ich verlassen.
Das hat ausgedient, das stimmt nicht mehr für mich.
Diesen Teil soll ich loslassen.

2 ◣ So soll ich meine Grenze ziehen.
So sieht meine Abgrenzung aus.
Das ist mein klarer Selbstschutz.

3 ◣ Das sind meine Gedanken.
Dieses Thema ist mir wichtig.
Diese Entscheidung führt dazu, dass ich gehe, dass ich mich verändere.

ACHT der SCHWERTER

»Aushalten – ausharren«

Auf den ersten Blick

Im Moment stehst du dir selber im Weg. Es ist nicht Zeit zum Handeln und auch nicht um durchzublicken und weiter zu sehen. Aushalten ist angesagt.

Allgemeingültige Bedeutung

Eine weibliche Person steht mit acht Schwertern in einer Reihe, fünf stecken zu ihrer linken und drei zu ihrer rechten Seite mit der Spitze in der Erde. Die Zielrichtungen aller Schwerter sind in der Erde verborgen; sie stecken dort fest.

Die Person hat eine Binde über den Augen, sieht also nichts, und ihre Hände und Arme sind an ihren Körper gebunden. Sie hat also jetzt weder den Durchblick noch kann sie handeln. Die einzige Öffnung zwischen den Schwertern schließt sie mit ihrem eigenen Körper. Sie steht sich damit selber im Weg.

Was lässt sie in dieser Haltung ausharren? Sind es die alten Geschichten, die festgefahrenen Muster der Türme in ihrem Hintergrund, die sie nicht klar sehen lassen oder ist der Weg vor ihr ohne Augenlicht zu glitschig, von Wasserlachen bedeckt? Ein richtiger Weg ist gar nicht erkennbar. Es ist Stillstand mitten im Tor aus Gedanken, zu denen die Figur im Moment nicht vordringen kann.

Einzig das Kleid ist kraftvoll rot, lässt sie nicht als Opfer erscheinen, sondern als denkende, sich exponierende Person, die über ihren Zustand reflektiert und ihn gleichzeitig aushalten muss.

Individuelle Deutung

◣ **Mögliche Fragen:**

◣ Was macht dich so handlungsunfähig? ◣ Was siehst du, wenn du nichts siehst? ◣ Kannst du aushalten? Wie lange? ◣ Nimmst du deine Kraft wahr, die dich umhüllt? ◣ In welchen Gedanken steckst du fest? ◣ Welche alten Geschichten verfolgen dich gedanklich? ◣ Wie lange hast du Zeit für diesen Durchgang ins Neuland? ◣ Bist du dir bewusst, dass du durch eine Pforte schreitest auch wenn du nichts siehst? ◣ Wie ist es für dich, nicht handeln zu können? ◣ Ist es wichtig, dass du alles klar siehst? ◣ Welche Gefühle verunsichern dich auf deinem Weg? ◣ Kannst du einfach so verweilen und ausharren? ◣ Fällt es dir schwer zu akzeptieren, dass es jetzt nicht weitergeht? ◣ Spürst du deine Füße auf dem Boden? ◣ Ist deine innere Unruhe fast unerträglich? ◣ Fühlst du dich hilflos in deine Gedanken verstrickt?

Auslegung zur Karte

1

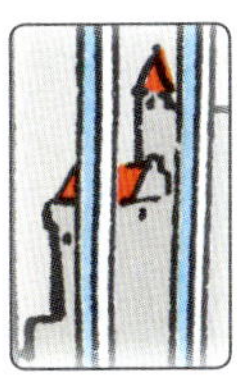

2

3

1 ◣ So stehe ich mir selber im Weg.
Damit blockiere ich meinen Weg.
Dieses Thema steckt fest.

2 ◣ Das ist mein altes Muster.
Das hält mich noch zurück.
Das besetzt noch meine Gedanken.

3 ◣ Dieser unbekannte Weg liegt vor mir.
So kann ich den nächsten kleinen
Schritt erspüren.

NEUN der SCHWERTER

»Albtraum«

Auf den ersten Blick

◣ Du lebst wie in einem Albtraum, hast Angst vor der Angst. Um wen geht es eigentlich? ◣ Mach Licht und schaffe Klarheit; verscheuche die dunklen Gedankenfetzen, die dich bedrücken.

Allgemeingültige Bedeutung

◣ Die Karte zeigt einen Menschen, der nachts aus einem bedrohlichen Traum oder aus dunklen Gedanken aufschreckt. Die Sicht ist ihm verwehrt, der Kopf liegt schwer in den Händen. Sorgen plagen ihn, lassen ihn nicht schlafen. Sorgen um liebe Menschen, Angst um etwas, das er gern hat, Angst um etwas, das passieren könnte.

◣ Auch die Decke mit den roten Rosen und den Lebenszeichen aus der Astrologie bleibt ihm unsichtbar, weil er sich die Augen bedeckt.

◣ Ein dunkles Ohnmachtsgefühl überschattet die Klarheit. Der Kampf findet innerlich statt. Das Denken bezieht sich deshalb auf Szenarien der Angst, was alles wo und wie passieren könnte. Es sind konstruierte Voraus-Ängste.

◣ Wie Damokles-Schwerter schweben die neun scharfen Messer des Schicksals im Raum. Sie weisen alle den Weg nach rechts, vielleicht zum neuen Tag, zurück zur Kontrolle.

◣ Der Tag spült die Schatten der Nacht weg – alles sieht sofort anders aus. Der Albtraum verzieht sich und hinterlässt Staunen.

Individuelle Deutung

Mögliche Fragen:

Um wen oder was machst du dir Sorgen? Weißt du, vor was du Angst hast? Ist deine Sorge real oder ist es die Angst vor der Angst, die dich beunruhigt? Welcher Traum, welche Sorge belastet dich? Hast du Schlafstörungen? Lebst du die Nacht auch am Tag? Was willst du nicht sehen? Weshalb ist dein Kopf schwer? Nehmen Sorgen um andere Menschen dich gedanklich gefangen? Stellst du dir die Zukunft immer so rabenschwarz vor? Welcher Albtraum verwehrt dir die Sicht für Klarheit? Merkst du, dass das Leben dich umgibt, dich wärmt? Möchtest du die Angst ablegen und die Augen öffnen? Wie kannst du die Kontrolle zurück- erhalten? Hast du deine Wegweiser vergessen? Solltest du die Vorhänge zurückziehen und den Tag hineinlassen?

Auslegung zur Karte

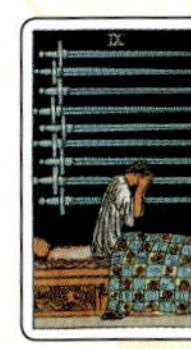

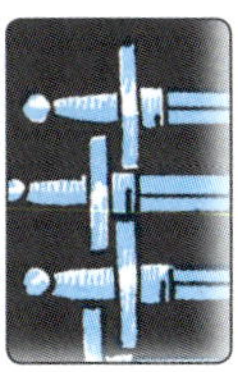

1

1 Diese Angst schwebt über mir.
Das macht mir Sorgen und Kopfzerbrechen.
Das raubt mir die Klarheit des Denkens.

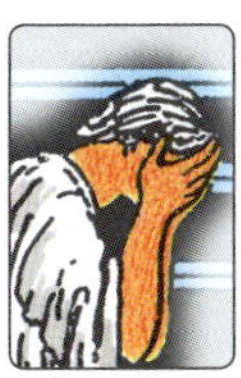

2

2 Diesen Blickwinkel kann ich nicht mehr einnehmen.
Das kann oder will ich nicht sehen.
Davor verschließe ich meine Augen.

3

3 Diesen Schutz habe ich.
Das umgibt mich.
Das wärmt mich.
Das belebt mich.

ZEHN der SCHWERTER

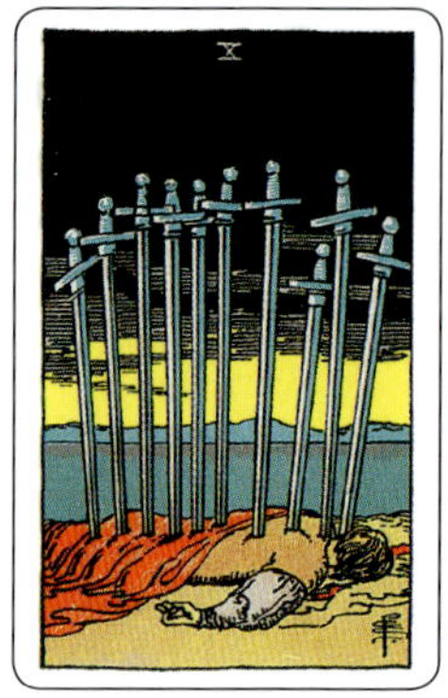

»Festgenagelt«

Auf den ersten Blick

Du weißt, es wird wieder besser. Aber jetzt leidest du sicht- und spürbar und fühlst dich als Opfer. Du scheinst am Boden zerstört zu sein. Ist der Weg des Leidens und Jammerns wirklich dein Weg? Willst du gesund werden? Dreh den Spieß um und ergreif die Eigeninitiative oder lass dir helfen.

Allgemeingültige Bedeutung

Die Bildsprache zeigt überdeutlich einen Menschen, der extrem fixiert ist. Gedanken, Vorstellungen, Erinnerungen, ganze Denkkonzepte nageln ihn auf der einen Stelle fest. Etwas zwingt ihn auf den Boden der Realität, eingehüllt in ein rotes Tuch des Lebens. Das rote Leben selber ist ihm auf den Körper genagelt. Aber das Rückgrat ist geschwächt, verletzt, symbolisch gebrochen. Aufrecht Gehen ist im Moment unmöglich.

Was alles zwingt so zu Boden, zum totalen Aufgeben, zur Hingabe und zur Selbstaufopferung? Ist es die Hingabe an die Bodenhaftung, an die Beschränkung auf das, was im Moment nur noch realistisch möglich ist, an die Verankerung in der Erde? Oder versteigt sich dieser Mensch in einer Märtyrerhaltung?

Erst wenn der Schmerz in seiner ganzen Dimension begriffen wird, ist Heilung möglich. Durch solche Hilfe, von außen oder durch Erkenntnis, kann sich die Wirbelsäule wieder aufrichten.

Die Karte zeigt eine Übertreibung; es sind nicht zehn Schwerter nötig, um einen Menschen so festzunageln. Diese Übertreibung will aber deutlich machen, dass die Ruhe sich nicht selber finden kann; sie muss zum Schutz dieses Menschen erzwungen werden.

◣ Dieses Bild erinnert an die Kreuzigung Jesu. Auch er musste sich wehrlos dem Weltschmerz hingeben, sich aufopfern, festgenagelt an das Kreuz der irdischen Last und so der Auferstehung harren.

Individuelle Deutung

◣ **Mögliche Fragen:**

◣ Bringt dir Leiden Heilung? ◣ Denkst du, dir sei zu helfen? ◣ Was alles nagelt dich fest, drückt dich zu Boden? ◣ Welche Opfer bist du bereit zu erbringen? ◣ Ist es wirklich notwenig, so viel zu ertragen? ◣ Bist du wirklich für alles verantwortlich? ◣ Welche Fixierung braucht Morgenröte und eine neue Sicht? ◣ Bist du erschöpft und rennst trotzdem noch weiter? ◣ Übertreibst du ein wenig? ◣ Bist du bereit, die Opferhaltung aufzugeben? ◣ Bist du am Jammern und Klagen? ◣ Gefällt dir dein Opfersein? ◣ Nährst du deinen Schmerz statt ihn zu heilen? ◣ Nimmst du die Signale deines Rückens ernst? ◣ Hast du dir überlegt, wie du in diese Situation gekommen bist? ◣ Weißt du, wer oder was dich aus dieser unbequemen Lage erlösen kann? ◣ Schaffst du es, dich dem Schmerz zu überlassen, damit du wieder ins Leben kommst?

Auslegung zur Karte

2

3

1

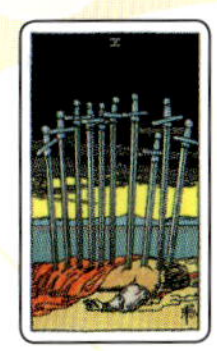

1 ◣ Das bin ich in meinem Leiden.
Dieser Schmerz wirft mich zu Boden.
So geht es mir im Moment.

2 ◣ Das ist meine Fixierung.
Dieses Thema zwingt mich zu Boden.
Darum geht es.
Das muss ich begreifen.

3 ◣ Auf diese Hilfe warte ich.
Das ist meine Rettung.
So sieht meine Heilung aus.
Das ist mein Lichtblick.

PAGE der SCHWERTER

»Frischer Wind«

Auf den ersten Blick

◣ Pack es an, auch wenn du dich am Anfang noch etwas unsicher fühlst.

◣ Du wirst dir Luft verschaffen und klar und handlungsfähig werden.

Allgemeingültige Bedeutung

◣ Der Page der Schwerter bringt viel Bewegung in die Lüfte; seine Gedanken sind überall und suchen Orientierung. Die Stimmung ist windig und wolkig, aber der Himmel klart auf.

◣ Es geht in dieser Karte um Aufklärung auf jeder gedanklichen Ebene. Der frische Wind des Pagen klärt auf. Er weiß, dass jetzt Bewegung des Geistes und Denkens notwendig sind, um eine Zielrichtung zu erhalten.

◣ Die Wolken wirbeln, die Vögel kreisen wie Gedanken in der Luft. Der Page steht mit dem linken Fuß fest auf dem Boden, dreht sich mit dem Körper weg und schaut in eine andere Richtung, tippt mit der Spitze seines rechten Fußes auf die Erde hinter ihm und lässt sein Schwert in die entgegengesetzte Richtung weisen. Alle Windrichtungen lotet er aus. Rote kraftvolle Stiefel unterstützen ihn. Er ist nach allen Seiten orientiert, ist auf der Suche nach seinem Weg, hört aufmerksam hin, von welcher Seite der Wind weht.

◣ Er ist nicht unsicher im wertenden Sinn, sondern kann noch gar keine Sicherheit haben, weil es noch so viele Himmelsrichtungen, so viele freie Denkräume zu erkunden gilt.

◣ Zu früh ist es, sich für eine Möglichkeit zu entscheiden; dies wäre eine Einschränkung. Das Schwert durchsticht das Bild und zeigt die Verbindung zum höheren Ganzen. Er ist nahe dran.

Individuelle Deutung

◣ **Mögliche Fragen:**

◣ Was probierst du aus? ◣ Kennst du alle Möglichkeiten der Himmelsrichtungen? ◣ Woher weht der Wind? ◣ Nutzt du den Freiraum des Denkens aus? ◣ Welche Gedanken kreisen in deinem Hinterkopf? ◣ Bist du motiviert Neues auszudenken? ◣ Was ist dir bewusst geworden? ◣ Welche Ideen sind dir in den Sinn gekommen? ◣ Hältst du deine Nase in den Wind? ◣ Bist du orientierungslos? ◣ Kreisen zu viele Gedanken in deinem Kopf? ◣ Bist du geistig auf Empfang? ◣ Möchtest du in die Ferne schweifen? ◣ Was möchtest du dem Wind sagen, damit er es weiterträgt? ◣ Spürst du den frischen Wind in den Haaren? ◣ Wohin locken dich deine Gedanken? ◣ Bist du auf gedanklicher Entdeckungsreise?

Auslegung zur Karte

2

3

1

1 ◣ Das gibt mir Halt.
Das ist die Kraft meines Standpunktes.
Von hier aus soll ich mich orientieren.

2 ◣ Das sind meine Gedanken.
All das geht mir durch den Kopf.
Diese Pläne werden mir klarer.

3 ◣ So soll ich es anpacken.
Das ist meine angemessene Handlung.

RITTER der SCHWERTER

»Schnell wie der Sturmwind«

Auf den ersten Blick

Nur eines hast du im Kopf: vorwärts zu kommen und dein Ziel zu erreichen, ohne dich ablenken zu lassen von den Nebensächlichkeiten des Alltages.

Allgemeingültige Bedeutung

Der Ritter der Schwerter spornt sein Pferd zu Höchstleistungen an. Nur vorwärts jagt er sein Pferd, getrieben von seinen wilden Gedanken im Kopf. Einfach drauflos reitet er, ohne Umwege dem Ziel entgegen, in Windeseile und unbeeindruckt von all dem, was sich links und rechts an seinem Weg zeigt. Nichts kann ihn aufhalten, keine Nebensächlichkeiten lassen ihn zögern.

Unruhe und Rastlosigkeit zeigen sich in der Luft, im Gegenwind, in den zerfetzten Wolken und den windgepeitschten Bäumen. Nichts kann ihn im wilden Ritt aufhalten; kann er überhaupt je anhalten?

Das Schwert des Ritters ist kraftvoll nach vorne gerichtet, nach oben in höhere Sphären des Denkens. Es sucht Entscheidung, Auseinandersetzung, Klärung oder Bestätigung seiner eigenen Gedanken. Er weiß genau wohin er will und weshalb. Der Sinn dieses wilden Rittes ist ihm bewusst. Das Ziel muss erreicht werden, so schnell wie möglich. Hoffentlich überrennt er es nicht in seinem stürmischen Tempo.

Individuelle Deutung

Mögliche Fragen:

Welche Idee treibt dich zu solchem Tempo an? Bist du mit deinen Gedanken schon am Ziel und mit dem Körper noch hier? Woher rührt diese Ungeduld? Hältst du dieses Tempo durch? Gefällt dir die Wildheit deines Wegs? Bist du schnell oder bist du zu schnell? Solltest du dich beeilen? Lenken dich zu viele Nebensächlichkeiten vom Wesentlichen ab? Weißt du, was du willst und ziehst du es auch klar durch? Welcher Auseinandersetzung darfst du nicht mehr ausweichen? Bist du froh darüber, so schnell zu sein? Siehst du den Weg überhaupt noch vor lauter Gedanken im Kopf? Brauchst du jetzt gerade diese Klarheit und holst du sie dir auch? Gehst du in diesem Tempo weiter bis zur Erschöpfung? Gönnst du dir Pausen, ohne das Ziel aus den Augen zu verlieren? Findest du je wieder Ruhe? Kannst du überhaupt noch innehalten? Was überrennst du?

Auslegung zur Karte

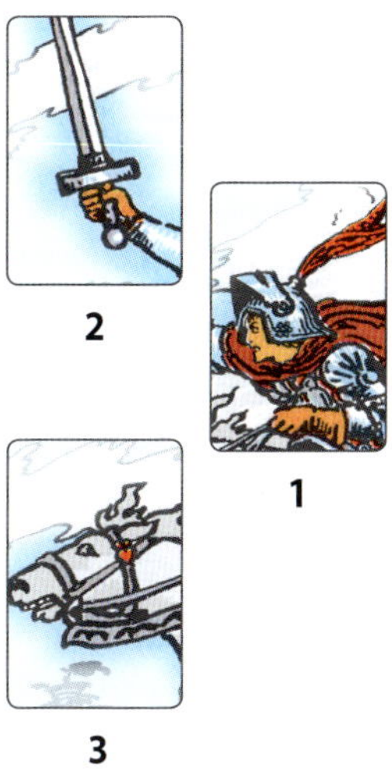

1 Das bin ich. So schaue ich in die Richtung meines Ziels.
In dieser Haltung, mit diesen Gedanken bin ich unterwegs.

2 So packe ich es an.
So setze ich es in die Tat um.
So erreiche ich mein Ziel.

3 Das trägt mich weiter.
Das begleitet mich auf dem Weg.
So werde ich geführt.

KÖNIGIN der SCHWERTER

»Entschiedenes Abwenden«

Auf den ersten Blick

◣ Befrei dich, auch wenn es weh tut. Es ist nicht Zeit für Gefühle, behalte deine Gedanken klar im Kopf. ◣ Steh zu deiner Entscheidung.

Allgemeingültige Bedeutung

◣ Diese Königin weist in eine Richtung, und dieser Richtung folgt auch ihr klarer Blick. Sie weiß, was sie will oder sie weiß ganz sicher, was sie nicht mehr will, nämlich das, was hinter ihr liegt. Sie lässt etwas zurück, wendet sich davon ab und nimmt klar Stellung.

◣ Der Himmel über ihr und um ihren Kopf herum ist blau, wolkenlos. Ein einziger Vogel kreist als Gedanke über ihrer Schmetterlings-Krone, die Verwandlung anzeigt.

◣ Für diesen Schnitt, für diesen Abschnitt, den sie zurücklässt, braucht sie diese Klarheit des Verstandes und den Freiraum im Denken. Es scheint, als ob sie an ihrem linken Handgelenk eine Fessel durchschnitten habe und deshalb eine neue Richtung einschlagen könne. Sie hat sich mit klarem Willen aus einer Abhängigkeit befreit, trennt sich bewusst und eindeutig.

◣ Wolken zieren ihren Umhang, der über einem weißen Kleid liegt. Wolken vernebeln auch den Raum um ihren Bauch herum über dem Boden. Es scheint noch nicht sinnvoll, Gefühle zuzulassen.

◣ Nur der rote Schuh auf hellem Boden zeigt in diesem großen Feld von noch nicht bewusstem Weiß, die Motivation vorwärts zu gehen in die eingeschlagene Richtung.

Individuelle Deutung

◣ **Mögliche Fragen:**

◣ Hast du den Mut, den Schnitt endgültig zu machen? ◣ Weißt du, was du verlässt, wovon du dich trennst? ◣ Hast du dir diese Form von Scheidung gut überlegt? ◣ Ist der Zeitpunkt gekommen, dich von diesen Fesseln zu trennen? ◣ Sind deine Gefühle vorübergehend gut geschützt? ◣ Wer ist diese Frau? ◣ Kennst du diese Frau oder bist du sie selber? ◣ Welcher klare Gedanke gibt dir diese Zielsicherheit? ◣ Welche Richtung ist eindeutig einzuschlagen? ◣ Bist du am Scheideweg und lässt einen Lebensabschnitt zurück? ◣ Machst du einen bewussten Neuanfang? ◣ Welcher Gedanke kreist ständig in deinem Kopf? ◣ Worauf ist dein Blick gerichtet? ◣ Weißt du, was du willst? ◣ Weißt du, was du sicher nicht mehr willst? ◣ Wie planst du deinen neuen Lebensabschnitt? ◣ Gibt dir diese Entscheidung Klarheit und Sicherheit?

Auslegung zur Karte

1

2

3

1 ◣ Nur dieser Gedanke zählt im Moment.
Allein darum geht es jetzt.
Dem soll ich meine klare
Aufmerksamkeit schenken.

2 ◣ So soll ich mich entscheiden.
Das lasse ich klar zurück und erhalte
dadurch meine Zielrichtung.

3 ◣ Diese Gefühle muss ich im Moment
schützen.
Das ist notwendig, damit ich den Weg
gehen kann.

KÖNIG der SCHWERTER

»Klarheit des Verstandes«

Auf den ersten Blick

Nutze die Klarheit des Denkens, nimm mit scharfem Verstand wahr, was nötig ist und gebrauch deine analytischen und geistigen Fähigkeiten. Erkenne die Möglichkeit, verantwortungsvoll zu argumentieren.

Allgemeingültige Bedeutung

Bewusst und in einer geraden Haltung sitzt der König der Schwerter direkt vor den Betrachtenden. Mit offenem Blick schaut er geradeaus. Mit seinem leicht schräg gehaltenen Schwert wirkt er zwar klar und konsequent, aber nicht hart. Er trennt nicht, richtet nicht und kämpft auch nicht.

Die Spitze seines Schwerts scheint in den Höhen der Lüfte nach geistiger Nahrung zu suchen. Die geistige Welt, das Reich der Gedanken, der Intellekt und Verstand gehören zu seinem Reich. Dafür trägt er die Verantwortung als König der Lüfte.

Sein blaues Kleid fließt weich, fast wie Wasser über seinen Körper. Sein Mantel ist außen purpurrot und strahlt Gesetztheit aus, innen jedoch feurig. Auch der eine sichtbare Schuh und die Kopfbedeckung unter der Krone sind rot. Die Krone selber wirkt erleuchtet wie eine kleine Sonne.

Nur wenige Wolken sind am Himmel, weit hinten. Zwei Vögel kreisen mit weiten Schwingen im Land der Luft und erzählen vielleicht von der Ferne.

Individuelle Deutung

Mögliche Fragen:

Kannst du deine Gedanken ordnen? Welche Ideen sind in deinem Kopf? Kannst du offen und konstruktiv konfrontieren? Bist du wertschätzend in deiner Klarheit? Benennst du die Dinge? Liebst du die Klarheit? Ist dir eine gute Sprache vertraut? Liebst du Diskussionen auf intellektuellem Niveau? Übernimmst du die Verantwortung für deine Pläne? Wo überall kreisen deine Gedanken? Operierst du mit guten Argumenten? Trittst du der Umwelt klar und offen gegenüber? Zeigst du dich in würdiger Haltung? Bist du hart im Argumentieren? Lässt du dich von anderen überzeugen? Für wen denkst du mit? Wer ist dieser Mann? Kennst du diesen Mann oder bist du er selber? Trägst du die Verantwortung selbstverständlich?

Auslegung zur Karte

1 2 3

1 Das bin ich. In dieser Rolle bin ich momentan.
Da stehe ich in meinem Leben.
Diesen Grad an Verantwortung trage ich dabei.

2 Diese Gedanken, diese Ideen kreisen in mir.
Mit diesem Thema soll ich mich auseinandersetzen.

3 So packe ich es an und setze das Thema um.
So zeigt sich mein entschiedenes Handeln.

Die Reihe der Münzen – *Erde*

ERD-Assoziationen

Das Element in der Natur – Erde nimmt auf

Die Erde ist von einer Atmosphäre umgeben und hat Anziehungskraft. Die Erde ist ein Himmelskörper, eine Kugel im Universum; sie ist der Planet der Menschen, ist ihre Heimat. Die Erde bewegt sich in einer Umlaufbahn um die Sonne, und sie dreht sich um sich selber, beides nach einer ganz bestimmten Gesetzmäßigkeit. Die Erde hält zusammen und sie bricht auf. Erde ist Materie.

Im übertragenen Sinn

Erde ist kompakt, ist Materie, ist Körper und kann mit allen fünf Sinnen erfasst werden. Erde ist sinnlich. Die Erde ist verbindlich, sie bindet uns an sich, zieht uns an und ist anziehend. Erde spendet Nahrung und gibt Form. Sie bringt uns zur Welt und sie nimmt uns wieder auf. Sie ist Leben und Tod. Wir kommen aus der Erde und wir werden zu Erde – die Magie des Erdenlebens. Erde ist nicht aktiv und nicht passiv. Sie nimmt auf und lässt gedeihen, gibt Raum für Wachstum. Im Zulassen bringt sie Leben hervor. Die Erde und ihre Früchte zeigen sich in folgenden Redensarten: Boden unter den Füssen haben; der Apfel fällt nicht weit vom Stamm; du bist ein schönes Früchtchen; die Früchte meiner Bemühungen; ernten, was man gesät hat. Sein und sein lassen.

Mögliche Bedeutungen

Erde ist ein weibliches Element. Sie verkörpert Mutter Erde, Gebären, Körper, Nahrung, Natur, Steine, Fels, Berg, Acker, Erdscholle, Samen, Wachstum, Raum einnehmen, Raum gewähren, Eigenraum beanspruchen, Ausgleich, Verteilen, Bewahren, Hingabe, die Sinne, Sinnlichkeit, Empfindung, Stabilität, Sicherheit, Arbeit, Erschaffen, Resultat, Selbstwert, Werte, Boden, Materie, Welt. Die Erde enthält die Magie der Welt, zu ihr gehören alle vier Elemente sowie Mensch, Tier und Pflanzen als ihre Bewohner.

ASS der MÜNZEN

»Organisches Wachstum«

Auf den ersten Blick

▶ Die Welt liegt dir zu Füßen. Nutze deinen Weg des Wachstums und durchschreite das Tor zur Lebensfülle. ▶ Je mehr du verschenkst, desto mehr hast du.

Allgemeingültige Bedeutung

▶ Das ASS DER MÜNZEN wird uns zu Füßen gelegt. Wir Menschen sind erdgebunden. Die Erde wirkt anziehend auf uns und gibt uns deshalb Halt und Sicherheit. Die Erdanziehungskraft hält uns hier auf diesem Planeten ein Leben lang fest. Aus eigener Kraft können wir sie körperlich nicht verlassen. Wir gehören hierher; es ist unsere Heimat im Leben. Es ist ein Geschenk, in dieser üppigen Sinnlichkeit der Erde wandeln zu dürfen, Blumen, Feldern, Bergen, der ganzen Natur auf unseren Wegen zu begegnen, Tore des Wachstums zu durchschreiten. Erde oder Materie ist alles, was mit den fünf Sinnen erfasst werden kann.

▶ Das Pentagramm (fünfzackiger Stern, in einer Linie zu zeichnen), die Münze ist nur das Symbol für alles, was uns wertvoll ist, und auch unser Geld ist nur Symbol für Wert. Erde ist Leben, Wachsen und Sterben.

▶ Wir gehören zum großen Kreislauf der Natur. Die Erde ist die vollkommene Form der Magie. Sie ist unsere erste Lehrerin. Sie ist gleichzeitig ewig und wandelt sich doch stets selber im Kreislauf der Jahreszeiten in immer neue Gewänder. Sie hat die Möglichkeit, in sich zu wachsen, Wachstum hervorzubringen und Wachstum wieder zurückzunehmen. Geburt – Leben – Tod. Diese Gabe wird mit dem Ass der Münzen in unsere Hände gelegt.

Individuelle Deutung

Mögliche Fragen:

Spürst du deine Füße am Boden? Riechst du die braune Erde, das Gras und die Sträucher? Kennst du den Kreislauf der Jahreszeiten? Siehst du den Reichtum von Mutter Natur in all ihren Farben? Hörst du die Vögel singen, die Blätter rascheln? Schmeckst du die Früchte auf Deiner Zunge? Bist du dir deiner fünf Sinne bewusst? Hast du das große Geschenk des Lebens schon angenommen? Wohin möchtest du wachsen? Stehst du im Frühling oder in der Reife deines Lebens? Erlaubst du dir den Genuss des Seins? Fühlst du dich sicher und geborgen auf dieser Welt? Anerkennst du die Erde als deine Heimat? Bist du verbunden mit der Natur? Bringst du Wachstum hervor? Bist du wertvoll?

Auslegung zur Karte

1

2

3

1 Diese Gabe des Lebens darf ich empfangen.
Das gehört zu mir.

2 In dieser Art und Weise setze ich meine Gabe um.
So soll ich angemessen handeln.

3 Meine Sehnsucht will diesen Weg gehen.
Dahin soll ich wachsen.

ZWEI der MÜNZEN

»Labiles Gleichgewicht«

Auf den ersten Blick

◣ Es ist nicht Zeit, um mit beiden Füßen fest auf dem Boden zu stehen, sondern du sollst mit den verschiedenen Werten und Möglichkeiten in deinem Leben spielen und so in ein fließendes Gleichgewicht kommen.

Allgemeingültige Bedeutung

◣ Dieses Bild zeigt uns einen Menschen, narrenähnlich mit seiner Mütze, der mit zwei Münzen spielt, hin und her, immer wieder. Hinter ihm wogt das Wasser in hohen Wellen, aber der Boden, auf den er tritt, ist fest. Auch die beiden Schiffe machen das Wellenspiel mit.

◣ Wasser scheint auf dieser Erdkarte vorzuherrschen und zeigt damit, dass für die Deutung weder nur Wachstum noch einzig Stabilität primär wichtig sind.

◣ Es ist die Suche nach dem Gleichgewicht, dem Gleichgewicht des Fließens zwischen erdiger Sicherheit und gefühlvollen Wellen.

◣ Die beiden Münzen liegen in einer Lemniskate, im Unendlichkeitszeichen, und fordern ein endloses Spiel des Jonglierens dieser beiden Werte.

◣ Auf keinen Fall geht es bei dieser Karte um eine Entscheidung. Im Gegenteil, es geht um das Herstellen eines Gleichgewichts, welches sich aus verschiedenen Werten, verschiedenen Sinnen zusammensetzt.

Individuelle Deutung

◣ **Mögliche Fragen:**

◣ Fühlst du dich hin- und hergerissen? ◣ Bewegst du dich von links nach rechts, um ins Gleichgewicht zu gelangen? ◣ Trittst du am gleichen Ort? ◣ Freust du dich am Spiel der irdischen Werte? ◣ Was schlägt in deinem Leben momentan hohe Wellen? ◣ Sollst du gar nicht entscheiden, weil es nicht nötig ist? ◣ Nimmst du das Gewicht in deinen Händen wahr? ◣ Wie lange brauchst du, bis du in deiner Mitte bist? ◣ Was treibt dich so hin und her? ◣ Liebst du es, wie ein Narr herumzuspielen? ◣ Führst du dein Schiffchen gut durch die Wellen? ◣ Weiß deine linke Hand, was die rechte tut? ◣ Staunst du über deine ausgeprägte Spielfreude? ◣ Was ist dir wertvoll? ◣ Sollst du nicht beidem in deinen Händen Wichtigkeit zollen?

Auslegung zur Karte

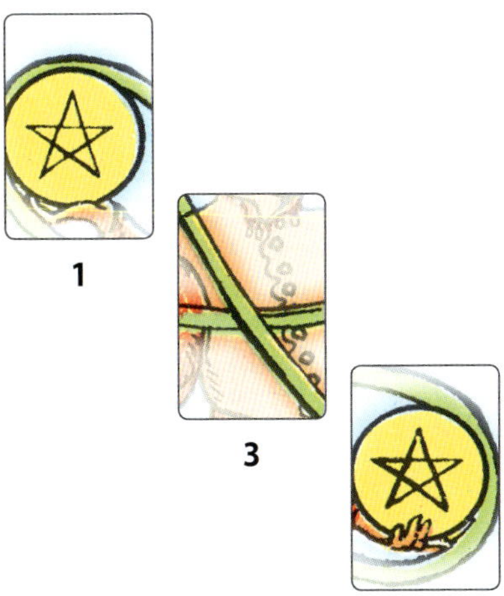

1, 3, 2

1 ◣ Das halte ich in der einen Hand.
Um diesen Wert geht es mir.

2 ◣ Das halte ich in der anderen Hand.
Um diesen Wert geht es mir auch.

3 ◣ So soll ich beide Werte miteinander verbinden.
So kommen sie ins Gleichgewicht.

DREI der MÜNZEN

»Zusammenarbeit«

Auf den ersten Blick

◣ Mach nicht alles allein! ◣ Prüf die Möglichkeit einer Zusammenarbeit, einer Verbindung und Ergänzung verschiedener Kräfte und verschiedener Kompetenzen.

Allgemeingültige Bedeutung

◣ Drei Menschen befinden sich in einem Gebäude. Sie sind einander zugewandt, aufeinander bezogen. Sie gehen aufeinander ein, sind im Austausch, im Gespräch. Jeder der drei hat eine ganz andere Rolle, eine andere Kleidung und andere Utensilien. Sie bringen ihre Kompetenzen zusammen für ein großes Werk.

◣ Die Karte der drei Münzen ist die einzige Münz-Karte, auf der die Pentakel noch nicht golden oder gelb sind. Das Werk ist noch nicht vollendet.

◣ Der Abt ist der Bauherr; er erteilt den Auftrag und finanziert ihn auch. Der Architekt zeichnet den Plan, berechnet die Stabilität und setzt sein Zeichen für die Formvollendung des Baus. Der Handwerker nimmt sein Werkzeug in die Hand und setzt den Plan in die Tat um.

◣ Die Handarbeit ist interessanterweise im Bild erhöht, indem der Arbeiter auf einer Bank steht. Erst durch die Arbeit selber entsteht das wirklich sichtbare Werk in seiner Vollendung.

◣ Die Karte fordert den Menschen auf, nicht im Alleingang einen Plan in die Realität umzusetzen, sondern die eigenen Möglichkeiten und unterschiedlichen Fähigkeiten miteinander zu verbinden oder sich mit anderen Menschen zusammenzutun.

Individuelle Deutung

Mögliche Fragen:

Welche Arbeit steht vor der Vollendung? Welche Fähigkeiten könnten dir zusätzlich behilflich sein? Nutzt du all deine Ressourcen in der Arbeit? Planst du gerne, hast aber Mühe mit der Umsetzung? Könnte dir jemand beim Planen helfen, oder bei der Handarbeit oder solltest du dich um Finanzierungshilfe kümmern? Willst du wirklich alleine arbeiten? Hast du Interesse an Teamarbeit? Kennst du deine speziellen Kompetenzen und kannst sie auch vertreten? Wie steht es bei dir mit der Zusammenarbeit mit anderen? Welche Rolle ist dir im Arbeitsumfeld wichtig? Könnte dir jemand helfen oder musst du alle Arbeit allein tun? Holst du dir Unterstützung für all das, was andere besser können? Bringst du dich und deine Fähigkeiten konsequent ins Ganze ein?

Auslegung zur Karte

3 1 2

1 So sieht meine Vision aus, mein Konzept.

2 Das brauche ich für die Planung.

3 So setze ich den Plan um. Das ist mein Werkzeug.

VIER der MÜNZEN

»Mein kleines Reich«

Auf den ersten Blick

Halte zusammen, was du hast und gib nichts weg. Sicher dich ab und schütz dich und dein kleines Reich.

Allgemeingültige Bedeutung

Der Mensch auf der Karte ist ein kleiner König, der sich mit seinen vier Münzen eng umgibt. Er ist der Hüter seiner eigenen Werte. Wie in einer rituellen Handlung bezieht sich alles auf das Zusammenhalten dieser Werte.

Eine zentrierende Bewegung mit beiden Armen dreht die Münze als Schutz vor seine Herzgegend.

Die Krone ist mit einer Münze überhöht und zeigt damit Sicherheit in der Begrenzung des Raums. Auf der Erde und somit sicher am Boden können die beiden Füße dank Unterstützung zweier weiterer Münzen bleiben.

Der kleine König sitzt auf einem Steinsockel und fußt sozusagen doppelt auf dem Boden seiner Werte, braucht doppelte Erdverbundenheit, einerseits durch den Boden selber und andererseits durch die Pentakel, die das Element Erde symbolisieren.

Die Begrenzung gegenüber den Höhen der Lüfte und der Weite des Landes sowie der Bezug zum unmittelbaren Boden scheinen sinnvoll, vielleicht sogar notwenig.

Der Blick nach vorn ist wach, der Hintergrund der Szene weltlich.

Individuelle Deutung

◣ **Mögliche Fragen:**

◣ Kennst du deine wichtigsten Werte, die dich absichern? ◣ Ist im Moment eher Sparen angesagt? ◣ Bist du geizig? ◣ Gestattest du dir, nicht großzügig, sondern zurückhaltend zu sein? ◣ Akzeptierst du deine Grenzen? ◣ In welchem Sinn brauchst du Schutz und Sicherheit? ◣ Hütest du dein kleines Königreich? ◣ Trägst du die Verantwortung für deine Sicherheit und dein Wohlergehen selber? ◣ Von wem grenzt du dich so klar ab? ◣ Was hast du in deinem konzentrierten Blick? ◣ Welche Bewegung bereitest du so sorgfältig vor? ◣ Wie spürst du deine Erdverbundenheit? ◣ Solltest du an Boden gewinnen? ◣ Trägst du die Verantwortung für dein kleines Reich? ◣ Hältst du alles zusammen?

Auslegung zur Karte

1

1 ◣ Das bin ich im Bewusstsein
meines kleinen Reiches.
Diese Rolle soll ich einnehmen.
Sie soll mich krönen.

2

2 ◣ So schütze ich meine Gefühle,
mein Herz.
So bleibe ich in meiner Mitte.
Diese Haltung passt jetzt zu mir.

3

3 ◣ Dieser Boden gibt mir Halt.
Diese Sicherheit brauche ich.
Damit stehe ich gut auf der Erde.

FÜNF der MÜNZEN

»Ausgrenzung«

Auf den ersten Blick

◣ Du bist verunsichert, wohin du gehörst oder gehören willst. ◣ Überlege, ob du deine bisherige Zugehörigkeit zu Gunsten einer neuen Lebensform aufgeben willst.

Allgemeingültige Bedeutung

◣ Es ist Winter und Schnee fällt in dichten Flocken auf den Boden. Zwei armselig aussehende Menschen eilen frierend an einem großen Gebäude vorbei. Es ist keine Tür sichtbar. Selbst das hell erleuchtete Fenster mit den prunkvoll farbigen Scheiben lässt kaum einen Einblick zu. Drinnen scheint es an Reichtum nicht zu mangeln.

◣ Die allgemein gültigen Werte, die Traditionen und Konventionen zeigen sich in den fünf Münzen im Fenster deutlich. So deutlich, dass sehr schnell klar wird, dass die beiden Menschen nicht dazugehören oder nicht dazugehören wollen.

◣ Die Tradition zu verlassen, gleicht einem Bruch, zieht eine Grenze und macht Standesunterschiede deutlich. Sind die beiden ausgestoßen worden, sind es Ausgegrenzte, passen sie nicht zu den Wertvorstellungen der Gemeinschaft drinnen? Oder haben sich die beiden entschlossen, den Weg aus der Norm heraus selber zu wählen, um eigene neue Wege zu gehen?

◣ Beide Möglichkeiten bringen ihnen Unverständnis und Befremdung entgegen und lassen Distanz aufkommen. Sie gehören nicht mehr dazu; sie sind Fremde geworden, und das ist immer schmerzlich. Im schlimmsten Fall werden sie als Bettler oder Kranke angesehen und sie fühlen sich ausgestoßen, daneben.

◣ Aber sie sind nicht allein, sie sind gemeinsam auf ihrem Weg zu anderen Werten, und sie sind frei.

Individuelle Deutung

◣ Mögliche Fragen:

◣ Bist du deiner und deines geordneten Lebens überdrüssig? ◣ Möchtest du aus einer Gemeinschaft austreten? ◣ Glaubst du nicht an das, was andere glauben? ◣ Fühlst du dich ausgegrenzt? ◣ Grenzt du andere aus? ◣ Haben neben deinen eigenen Wertvorstellungen auch andere Platz? ◣ Fühlst du dich gedemütigt? ◣ Nimmst du das Unverständnis in Kauf und gehst deinen Weg trotzdem? ◣ Wo möchtest du nicht mehr dazugehören? ◣ Mit wem teilst du dein Schicksal? ◣ Frierst du in dieser Situation? ◣ Welche Krücken geben dir Halt auf deinem schwierigen Weg? ◣ Ist dir die Freiheit diesen Preis wert? ◣ Was bewirkst du mit deiner Distanzierung? ◣ Willst du um jeden Preis anders sein? ◣ Wertest du andere ab? ◣ Leidest du lieber, statt um etwas zu bitten? ◣ Schlägst du jegliche Hilfe aus? ◣ Fühlst du dich als Bettlerin oder Bettler, wenn du um etwas bittest? ◣ Haben anders denkende Menschen keinen Platz in deinem Leben?

Auslegung zur Karte

1

2

3

1 ◣ Diese Norm, diese Wertvorstellung soll ich verlassen.
Dieser Tradition soll ich im Moment den Rücken kehren.

2 ◣ Das sind meine eigenen Werte.
Das ist jetzt für mich wertvoll und wichtig.
Dieses Thema ist mein Weg.

3 ◣ Das begleitet mich und ist mir im Moment wichtige Krücke.
Das lässt mich nicht allein sein.
Das unterstützt mich.

SECHS der MÜNZEN

»Geben und Nehmen«

Auf den ersten Blick

◣ Um richtig geben zu können, musst du auch richtig annehmen können, und das richtige Maß ist jedes Mal neu abzuwägen.

Allgemeingültige Bedeutung

◣ Nur in der demütigen Haltung eines Bettlers ist das Empfangen eines Geschenks wirklich möglich. Selbstloses Annehmen und ein schlichter Dank sind das schönste Geschenk für den Gebenden.

◣ Diese Karte zeigt eindrücklich, in welcher Rolle sich die Menschen lieber sehen und was auch einfacher zu sein scheint.

◣ Geben ist leichter als Nehmen! Annahme und Hingabe, Demut und Großzügigkeit, Beschenken und Empfangen sind die zwei Seiten derselben Medaille. Schenken ist nur dem möglich, der auch die Größe hat anzunehmen. Jedes Geschenk wird abgewertet, wenn etwas dafür zurückgegeben wird. In unserer Kultur ist es einfacher zu rechnen und zu zahlen als zu schenken.

◣ Die Waage verweist auf die Karte GERECHTIGKEIT in den großen Arkana und meint damit ein gerechtes Verteilen der Werte.

◣ Schenken heißt also nicht, etwas loszuwerden, sondern ein Geschenk ist richtig abzuwägen und die Wahl der Gabe muss bewusst getroffen sein.

Individuelle Deutung

◣ **Mögliche Fragen:**

◣ Wem möchtest du etwas schenken? Und was? ◣ Woran denkst du beim Auswählen eines Geschenkes? ◣ Machst du Geschenke von Herzen und mit dem Kopf? ◣ Wie fühlst du dich, wenn du etwas bekommst? ◣ Kannst du wirklich annehmen? ◣ Was passiert bei dir, wenn du jemandem DANKE sagst? ◣ Was bedeutet für dich Geben und Nehmen? ◣ Legst du alles auf die Goldwaage? ◣ Fühlst du dich reich oder arm? ◣ Was bedeutet für dich eigentlich Reichtum? ◣ Erwartest du etwas zurück, wenn du etwas gibst? Wenn ja, was? ◣ Musst du dich revanchieren, wenn du ein Geschenk erhältst? ◣ Kannst du einfach nur DANKE sagen ohne weitere Worte? ◣ Fühlst du dich im Leben öfter als Bettlerin oder Bettler? ◣ Was heißt für dich gerechtes Verteilen?

Auslegung zur Karte

1

3

2

1 ◣ So schenke ich. Das schenke ich von mir, wenn ich Geschenke mache. Das bin ich, wenn ich schenke.

2 ◣ So nehme ich an. Das nehme ich an, wenn ich Geschenke erhalte. Das bin ich, wenn ich um etwas bitte.

3 ◣ So komme ich ins Gleichgewicht. Das brauche ich, um in meine Mitte zwischen Geben und Nehmen zu gelangen.

SIEBEN der MÜNZEN

»Standortbestimmung«

Auf den ersten Blick

◣ Es ist Zeit für eine Standortbestimmung. Schau zurück und staune über alles, was du geschaffen hast. ◣ Nimm dann aber nur noch eine Sache ins Zentrum und mach damit kraftvoll weiter.

Allgemeingültige Bedeutung

◣ Eine Person stützt sich mit beiden Händen auf einem braunen Stab auf und ruht so mit dem ganzen Körper in sich. Der Stab teilt das Bild in zwei Teile und markiert damit die Gegenwart.

◣ Der Teil links gehört zur Vergangenheit und zeigt einen gewachsenen grünbraunen Busch und einen aufgehäuften Stapel von sechs Münzen. Die Figur beugt sich mit dem Oberkörper auf diese Seite und betrachtet eingehend das in der vergangenen Zeit Erschaffene, ihre Ernte und die Früchte ihrer Arbeit. Auch der Stiefel auf der Vergangenheitsseite ist braun und irdisch. Alles auf dieser Seite ist erkannte und bewertete Realität, die betrachtet wird und Wertschätzung verdient.

◣ Erst wenn sich diese Person bewusst ist, was sie alles in der vergangenen Zeit erschaffen hat, kann sie sich der einzigen Münze im Zentrum zwischen ihren beiden Füssen zuwenden und ihr mit dem roten Stiefel den nötigen Lebensschub geben.

◣ Das Blau unter dem Fuß signalisiert gefühlsmäßig unsicheres Neuland.

◣ Die rechte Seite der Zukunft ist noch unangetastet, noch unerforscht und frei für Neues, offen für neu zu schaffende Werte.

Individuelle Deutung

◣ **Mögliche Fragen:**

◣ Ist der Zeitpunkt ideal für eine Standortbestimmung? ◣ Anerkennst du deine geleistete Arbeit? ◣ Siehst du die Früchte deiner Anstrengungen? ◣ Wie bewertest du die Resultate deiner Leistungen? ◣ Spürst du den Übergang zu etwas Neuem? ◣ Gibst du dir selber Wertschätzung für all dein Tun? ◣ Nimmst du dir genügend Zeit, die Erfolge deiner Arbeit zu würdigen? ◣ Wenn du so innehältst, siehst du dann alle deine Fähigkeiten? ◣ Fällt es dir schwer, all das zurückzulassen? ◣ Kannst du alles sein lassen und nur eine Sache ins Zentrum rücken? ◣ Solltest du unterscheiden zwischen Wichtigem und Dringlichem? ◣ Was lässt du zurück und was ziehst du weiter? ◣ In welcher Tätigkeit liegt deine größte Kraft und Motivation? ◣ Ahnst du Neues in deinem Leben, das dich in die Zukunft zieht? ◣ Solltest du dich von deiner alten Tätigkeit verabschieden? ◣ Ist es Zeit für etwas Neues?

Auslegung zur Karte

1

2

3

1 ◣ So bin ich im Moment in meiner Gegenwart. So stehe ich da.
So betrachte ich meine Arbeit und mein Tun.
Dies ist mein Standort.

2 ◣ Das ist die Ernte meiner Arbeit.
Das alles habe ich geschaffen.
Das alles soll ich nochmals wertschätzen und dann in die Vergangenheit entlassen.

3 ◣ Das soll ich ins Zentrum meiner Aufmerksamkeit rücken.
Dem soll ich Kraft geben für meine Zukunft.

ACHT der MÜNZEN

»Hingabe an die eigene Arbeit«

Auf den ersten Blick

◣ Arbeite mit Hingabe und Liebe an deinem Werk weiter und betrachte es Stück für Stück mit großer Wertschätzung.

Allgemeingültige Bedeutung

◣ Ein Handwerker sitzt auf seiner Bank und bearbeitet eine Münze. Sein Tun ist in vielfachem Sinne wertmehrend. Er veredelt mit seinen Werkzeugen die Pentakel, die Fünfecke, hängt sie sichtbar für alle, die vorbeikommen, auf und er liebt seine Arbeit offensichtlich.

◣ Seine ganze Hingabe gehört dem Moment. Er lässt sich in den Prozess ganz und gar meditativ ein. Die Zeit vergessend nimmt er ein Stück um das andere in seine beiden Hände und wendet sich der Arbeit mit großer Liebe ans Detail zu.

◣ Man könnte sagen, dass der Schuster hier mit aller Sorgfalt bei seinem Leisten bleibt. Er prägt seine Arbeiten, und die Arbeit prägt ihn.

◣ Im Hintergrund führt ein gelber Weg zu einer Stadtmauer mit Torbogen. Sind da wohl die Käufer seiner Münzen? Ist da wohl sein Zuhause nach getaner Arbeit, der Ort und die Menschen, zu denen er gehört?

◣ Egal, jetzt arbeitet er mit großer Wertschätzung an seinem Werk und gibt ihm Sinn.

Individuelle Deutung

Mögliche Fragen:

Liebst du deine Arbeit? Bist du stolz auf die Resultate deiner Arbeit? Misst du deinem Tun den richtigen Wert bei? Wann fühlst du dich eins mit deinem Werk? Kennst du all deine Ressourcen? Zeigst du, was du kannst? Vergisst du oft den Feierabend? Verlierst du dich in der Arbeit? Ist Arbeit dein Leben? Wem zeigst du dich in deiner vollen Kompetenz? Stimmt dein Beruf für dich? Glänzen deine Perlen der Arbeit? Stellst du deine Tätigkeiten ins beste Licht? Welche Anerkennung brauchst du? Ist der Weg das Ziel? Ist es schön, etwas lustvoll zu tun? Arbeitest du Wert vermehrend?

Auslegung zur Karte

2

1

3

1 Das ist meine Arbeitshandlung.
Mit diesen Werkzeugen soll ich eredeln.
Meine Fähigkeiten.

2 Das ist das Ziel, das Resultat meiner Arbeit, das ich gebührend wertschätzen soll.

3 Dazu gehöre ich. Das gibt mir Heimat.
Diese Umgebung gibt mir Sicherheit und unterstützt mein Arbeiten.

NEUN der MÜNZEN

»Garten der Sinne«

Auf den ersten Blick

Dein Garten ist fruchtbar und ermöglicht dir Ruhe und Verweilen ebenso wie sinnvolles Handeln. Wenn jemand etwas von dir will, so muss er an deine Tür klopfen.

Allgemeingültige Bedeutung

Der Garten lädt zum Verweilen ein. Die Gärtnerin ist selber Teil des Gartens. Ihr Hintergrund ist üppig, reich und lustvoll. Die Trauben sind reif, die Münzen zahlreich.

Ihr Kleid ist voller Blumen, die als Venus-Symbole gezeichnet wurden. Ein weibliches und reifes Stück Erde. Wachstum gelingt mühelos. Weibliche Energie heißt, sich diesem Garten hinzugeben, die Zeit zu vergessen, lustzuwandeln in der Fülle, einfach zu sein und das Ergebnis wahrzunehmen.

Die Frau scheint fast in Trance zu sein, in einer Meditation der Verbindung von innen nach außen versunken, in einem großen Einverständnis, einfach zu sein. Sie verbindet die Erde mit den Lüften des Himmels, das Langsame mit dem Schnellen.

Links unten kriecht eine kleine Schnecke, ihr eigenes Haus mit sich tragend. Auf der linken behandschuhten Hand der Frau sitzt ein Falke mit einem Käppchen. Jederzeit kann die Gärtnerin ihn fliegen, jagen lassen.

Sie hat alle Möglichkeiten; sie ist Gärtnerin und Jägerin.

Individuelle Deutung

◣ **Mögliche Fragen:**

◣ Was ist reif bei dir? ◣ Erkennst du deinen inneren und äußeren Reichtum? ◣ Kannst du dich dem Sein hingeben? ◣ Sorgst du gut für dein Wohlbefinden? ◣ Trägst du deine innere Heimat bei dir? ◣ Wie steht es mit der Pflege deiner Umgebung? ◣ Spürst du den Boden unter dir? ◣ Kannst du dich der Erde hingeben? ◣ Lebst du mit all deinen Sinnen? ◣ Fühlst du dich allein und möchtest du jemanden in deinen Garten einladen? ◣ Ist es dir angenehm, einfach allein mit dir zu sein? ◣ Erlaubst du dir Langsamkeit und Blitzeseile? ◣ Kennst du den Wert deiner Sinnlichkeit? ◣ Bist du Gärtnerin/Gärtner – was kultivierst du? ◣ Bist du Jägerin/Jäger – was jagst du?

Auslegung zur Karte

2

1

1 ◣ Das bin ich in meinem Umfeld.
So sieht mein organisches
Wachstum aus.
Das ist der Sinn meines Seins.

2 ◣ Diese Möglichkeit habe ich,
um schnell zu handeln.
So sieht mein Angriff aus.
Das ist mein aggressiver Teil.

3 ◣ Diese Möglichkeit habe ich,
mich zurückzuziehen.
So sieht mein Rückzug aus,
mein defensiver Teil.

3

ZEHN der MÜNZEN

»Magie des Alltags«

Auf den ersten Blick

Du bist Teil des großen Ganzen, des Lebens, gehörst zu allen Generationen, Tieren, Pflanzen, zur Umwelt und allem Sein. Sei dem Leben auf diese Art und Weise verbunden und zugetan.

Allgemeingültige Bedeutung

Das Leben selber in seiner ganzen Fülle begegnet uns auf dieser Karte. Zehn ist das Maximum, mehr gibt es nicht. Die Erde offenbart sich uns mit allen Möglichkeiten des organischen Daseins.

Der alte weise Mann mit langem weißen Haar und lichtvollem Bart sitzt wie ein Magier in seinem kraftvoll leuchtenden Gewand am Rande des Bildes. Er strahlt Ruhe aus und betrachtet wissend das Leben aus der Distanz. Durch seine Präsenz verbindet er die verschiedenen Welten. In seinem Rücken, noch hinter der schützenden Stadtmauer, liegt das Dämonische der Nacht. Das Kleid des alten Weisen repräsentiert die reife Natur. Die Tierwelt begegnet ihm in den zwei hellen Hunden; instinktiv wenden sie sich ihm zu.

Mitten im Leben unter dem Torbogen der Stadt unterhalten sich zwei Erwachsene, vermutlich über Gott und die Welt.

Am Rocksaum der Frau hält sich ein Kind, streichelt den einen Hund und blickt im Schutz seiner Mutter neugierig und etwas schüchtern zu dem alten Mann herüber.

Die Stadt zeigt sich mit Türmen, Torbogen, Häusern und Mauern. Dahinter wachsen Pflanzen; der blaue Himmel ist wolkenlos. Der ganze Reichtum des Lebens in einem einzigen Bild.

Die zehn goldgelben Münzen selber fallen uns je nach persönlicher Sicht entweder direkt ins Auge oder wir übersehen sie fast. Sie wachsen aus dem Bild heraus oder vermischen sich mit ihm. Das Leben ist eine Einheit.

Individuelle Deutung

Mögliche Fragen:

Bist du Teil des Lebens, Teil der Schöpfung? Zu welcher Welt gehörst du? In welcher Gesellschaft fühlst du dich aufgenommen? Bist du in Harmonie mit dem Zyklus der Jahreszeiten? Reifst du deinem Alter angemessen in deiner Zeit? Möchtest du wirklich allein sein auf der Welt? Stören dich andere Menschen? Liebst du Pflanzen, Tiere, Steine und Menschen als Schöpfung der Erde? Vertraust du den Geheimnissen des Lebens? Was bedeutet dir Natürlichkeit? Kennst du alte weise Menschen? Bist du selber auf dem Weg, alt und weise zu werden? Lässt du dem Leben seinen Lauf oder greifst du manchmal ein? Was schützt dich gegen angstvolle Gedanken? Wem vertraust du dich an? Empfindest du Wertschätzung dem Leben und Wachsen gegenüber? Freust du dich einfach, am Leben zu sein? Bist du im Kontakt mit der Welt?

Auslegung zur Karte

3

1

2

1 Um diese Weisheit und Wahrheit geht es in meiner momentanen Lebensphase. Dieses uralte Wissen soll mein Leben würdig bereichern.

2 Das ist meine Form der Vitalität. Instinktiv soll ich sie ausleben ohne sie einzuschränken. Das begleitet mich immer treu.

3 So ist mein Dialog mit dem Leben. So soll ich mich mit anderen in Kontakt bringen und so soll ich Kontakt zulassen. So ist meine Art, Beziehungen zu leben.

PAGE der MÜNZEN

»Selbstwert«

Auf den ersten Blick

◣ Nimm deinen Selbstwert sorgsam in deine Hände und schenk ihm die gebührende wertschätzende Aufmerksamkeit; es lohnt sich.

Allgemeingültige Bedeutung

◣ Sonnenkraft erweckt die Natur zur Reife. Blumen wachsen um den aufrechten Jüngling herum und bereichern den Boden, auf dem er steht. Der Acker im Hintergrund ist bestellt. Kraftvolle Bäume runden den Garten der Erde ab. Nur der blaue Berg lockt, in die Ferne zu schweifen.

◣ Der Page steht mit seinen erdbraunen Bein- und Armkleidern, dem grünen Rock und seiner roten Kopfbedeckung im vollen Leben.

◣ Sorgsam, achtsam und mit viel Wertschätzung trägt er seine Münze in den Händen vor sich, erhöht sie und betrachtet sie eingehend. Er anerkennt seinen Wert, der sich in ihr ausdrückt und seine Verbundenheit mit allem Organischen, mit seinem Wachstum.

◣ So wie es ist, ist es gut; so wie er ist, ist er gut. So in die Welt zu gehen, verspricht Freiheit und Zugehörigkeit.

◣ Es ist die Reifung selbst, die hier organisch wächst.

Individuelle Deutung

Mögliche Fragen:

Kennst du deinen eigenen Wert in der Welt? Hast du Schwierigkeiten, dich selber in all deinem Tun zu würdigen? Lebst du im Einklang mit der Natur, deiner Umgebung und deinen Aufgaben? Lässt du dich durch andere schnell verunsichern? Wohin will deine Sehnsucht wachsen? Musst du andere abwerten, um dich selber als wertvoll zu empfinden? Vergleichst du dich mit anderen und wertest dich selber ab? Überschätzt du dich? Erlaubst du dir, wertvoller Teil des ganzen Lebens zu sein? Möchtest du die Welt der Sinne entdecken? Was siehst du, wenn du dich im Sonnenlicht betrachtest? Wie oft musst du hören, dass du gut bist, bis du es glaubst? Fühlst du dich zur Welt zugehörig oder noch nicht? Wem oder was gilt deine spezielle Sorgfalt? Gehst Du sorgsam mit Dir um? Gehst Du sorgsam mit der Natur um?

Auslegung zur Karte

3

2

1

1 Das ist mein fruchtbarer Boden. Das trägt mich. Das ist meine Grundlage, auf der ich mich selber erkennen kann.

2 Das gehört ganz zentral zu meinem Selbstwert. Das ist der momentan wichtigste Teil, der mich ausmacht.

3 In dieser Haltung begegne ich der Welt. So soll ich meinen Kopf tragen und meinen Blick nach außen richten, so mich den Menschen zeigen.

RITTER der MÜNZEN

»Hüter der Ernte«

Auf den ersten Blick

Bleibe stehen und warte auf die Ernte dessen, was du ausgesät hast. Akzeptier den Kreislauf der Natur und leb mit ihm. Übereile nichts!

Allgemeingültige Bedeutung

Ein schweres und starkes Pferd trägt den Ritter der Erde. Er sitzt fest im Sattel auf einer erdbraunen Decke und trägt seine goldene Münze vor sich in der Hand, ja fast stützt er sie auf dem Hals seines Reittieres ab. Er hat Zeit; sein Pferd steht still.

Wachstum ziert seinen Helm und auch den Kopf des schwarzen Pferdes. Der Acker ist gepflügt, die Erdfurchen ziehen sich in weiten Linien über das Land hin. Sind die Erdschollen vorbereitet für die Saat oder sind gar die Samen schon in der Erde?

Wie auch immer, der Ritter hütet die Frucht bis zur Ernte. Das ist seine Aufgabe.

Er ist der Bewahrer und Hüter des organischen Wachstums. Die Vorbereitungsarbeit ist getan, jetzt übernimmt die Natur selber ihren Teil und lässt wachsen.

Eile ist nicht angesagt. Wachstum kann nicht beschleunigt werden.

Individuelle Deutung

◣ **Mögliche Fragen:**

◣ Weißt du, was du ausgesät hast? ◣ Möchtest du am liebsten die Pflanzen aus der Erde ziehen? ◣ Bist du ungeduldig? ◣ Nimmst du dir sorgsam Zeit, bis etwas reif ist? ◣ Hast du den Acker deiner Vorhaben gepflügt? ◣ Ist der Samen gesät? ◣ Hast du das Unkraut gejätet? ◣ Vergisst du manchmal, dass alles einfach Zeit braucht? ◣ Ist Zeit wirklich nur Geld oder noch viel mehr? ◣ Was ist in einem Samen alles enthalten? ◣ Bist du mit der Erde verbunden, kennst du ihre Gesetze? ◣ Worauf wartest du noch? ◣ Möchtest du dich bewegen? ◣ Bist du im Stillstand? ◣ Was trägt dich? ◣ Was hütest du sorgsam? ◣ Welche Ernte wird deine Geduld belohnen? ◣ Liebst du Pflanzen? ◣ Hast du einen grünen Daumen?

Auslegung zur Karte

3 1 2

1 ◣ Ich habe meinen Samen in der Hand.
Dieser Same darf gedeihen.
Darum geht es.
Das soll allmählich reif werden.

2 ◣ Dieses Standvermögen hilft mir auszuharren.
Es trägt mich und gibt mir Boden und Sicherheit.

3 ◣ So schütze ich meine Frucht bis sie reif ist.
Mit diesem Bewusstsein trage ich Sorge für mein Wachstum.

KÖNIGIN der MÜNZEN

»Erdmutter«

Auf den ersten Blick

◣ Deine Sinnlichkeit ist vergleichbar mit dem Wunder des Wachsens. Du weißt, dass das größte Wunder unsere Erde selber ist. Du fügst dich diesem Kreislauf in Würde, Liebe und Demut ein.

Allgemeingültige Bedeutung

◣ Die Königin der Münzen sitzt mit weiß-rotem Kleid, grünem Umhang und gelber Krone auf ihrem reich verzierten Thron und zeigt schon mit ihrer Bekleidung den Kreislauf der Natur: Geburt – Leben – Wachsen – Leuchten – Sterben. Ihr Blick ist weich und demütig auf die Münze gerichtet, die wie ein Kind in ihrem Schoß liegt. Sie ist ihr wertvoll und sie behütet sie mit großer Hingabe, der Hingabe an das Leben selber.

◣ Rote Rosen ranken sich an schwarzen Zweigen über ihr und rahmen sie im sonnengelben Himmel ein. Rot und schwarz, Tod und Leben – jede Mutter schenkt ihrem Kind mit dem Leben den Tod.

◣ Ihre Umgebung ist reiche Natur mit Wiesen, Pflanzen, Blumen, Bächlein, brauner Erde und einem kleinen Hasen, der rechts im Bild die Möglichkeiten des organischen Wachstums um die Tierwelt ergänzt. Im Hintergrund sind blaue Berge, welche die Aufmerksamkeit in die Ferne schweifen lassen.

◣ Die Münze steht mit ihrem Fünfzack für die menschlichen fünf Sinne, mit denen Materie, Erde erfasst werden kann.

◣ Die Königin ist die Behüterin der Erde, der Sinnlichkeit und der Fruchtbarkeit.

◣ Sie ist die Magierin im Alltag. Sie ist farblich verwandt mit dem MAGIER aus den großen Arkana.

◣ Die Magierin jedoch soll sich nicht wie er auf übergeordneten Ebenen bewegen, sondern muss auf der Erde, im Alltäglichen wirksam sein. Dort, im Kreislauf der Natur, ist ihre Magie zu Hause.

Individuelle Deutung

◣ **Mögliche Fragen:**

◣ Liebst du die Kraft der Natur? ◣ Bist du verbunden mit Mutter Erde? ◣ Wo wächst du hin? ◣ Welches Leben hütest du mit deiner Sorgfalt? ◣ Kannst du dich dem Leben hingeben? ◣ Lebst du dein Leben im Einklang mit dem großen Organismus der Natur? ◣ Wie denkst du über den menschlichen Lebensweg? ◣ Was wächst aus deinem Schoß, deinem Bauch? ◣ Welcher Intuition möchtest du Nahrung geben? ◣ Kaufst oder pflückst du manchmal einen Blumenstrauß? ◣ Was bedeutet für dich Fruchtbarkeit? ◣ Wer ist diese Frau? ◣ Kennst du diese Frau oder bist du sie selber? ◣ Bist du verbunden mit dem Weiblichen in dir? ◣ Machst du dir über Tod und Leben manchmal Gedanken? ◣ Liebst du das Leben? ◣ Bist du mütterlich? ◣ Kennst du deinen eigenen Wert? ◣ Gibst du dem Fluss des Lebens genügend Raum und Zeit?

Auslegung zur Karte

1

2

3

1 ◣ Das bin ich selber in meiner Reife.

2 ◣ Um diesen Wert geht es mir im Moment.
Das ist mein Wachstumsthema.

3 ◣ Das kann ich selber zum Wachstum beitragen.
So fördere ich die Reife.

KÖNIG der MÜNZEN

»Sinnlicher Reichtum«

Auf den ersten Blick

◣ Sei großzügig mit dir selber und deiner Umwelt und genieß das Leben mit all deinen Sinnen in vollen Zügen. ◣ Heute ist ein reicher Tag.

Allgemeingültige Bedeutung

◣ Ein wahrhaft reicher König sitzt auf seinem Thron, der eingerahmt ist von vier erdhaften Stierköpfen. Die Natur gedeiht üppig und bringt Früchte hervor, die auch seinen Rock über und über zieren.

◣ Seine schützende Rüstung tritt dahinter zurück; fast übersieht man sie.

◣ Er sitzt im Garten seines Schlosses mit den verschiedenfarbigen Türmen. Münze und Szepter scheinen aus ihm herauszuwachsen, sonnengelb und strahlend wie auch der ganze Himmel ist. Sein Blick zeigt eine tiefe Verbundenheit mit dem Dasein auf der Erde.

◣ Er ist der König der Erde, des Wachstums und der fünf Sinne.

◣ Aus dem ganzen Bild spricht Sinnlichkeit. Erde ist all das, was mit den fünf Sinnen erfasst werden kann.

◣ Dieser König geht großzügig mit seinen Werten um und bereichert das Leben mit der Natur selber. Dafür trägt er als Machthaber Verantwortung.

Individuelle Deutung

◣ **Mögliche Fragen:**

◣ Bist du großzügig zu dir und deiner Umwelt? ◣ Gönnst du dir etwas Königliches? ◣ Bist du dir bewusst, welcher Reichtum dir eigen ist? ◣ Kannst du die Welt mit allen fünf Sinnen erfahren? ◣ Lebst du über deine Verhältnisse? ◣ Zeigst du dich kleinlicher als du bist? ◣ Erlaubst du dir, ins Reich der Sinne einzutauchen? ◣ Wer ist dieser Mann? ◣ Kennst du diesen Mann oder bist du er selber? ◣ Hast du Lust auf diesen Mann? ◣ Erkennst du deine Reife an? ◣ Trägst du die Verantwortung für die richtige Verteilung der Werte? ◣ Wen möchtest du einladen und verwöhnen? ◣ Fühlst du dich wohl im Königsgarten des Lebens? ◣ Wie definierst du Reichtum? ◣ Wie definierst du Sinnlichkeit?

Auslegung zur Karte

3

1

2

1 ◣ Diesen Wert halte ich in meiner Hand.
Darum geht es.
Dieses Thema soll ich wertschätzen.

2 ◣ Mit dieser Sinnlichkeit soll ich
dem Leben begegnen.
Das ist meine Fähigkeit zu genießen.
Das soll ich auskosten.

3 ◣ Das ist meine bewusste Sicht
auf die Welt.
So trage ich Verantwortung
für mein Leben.
Das bin ich und so herrsche ich
über mein Dasein.

Legesystem
Energie-Uhr der 4 Elemente

Dieses System wird nur mit den 56 Karten der kleinen Arkana gelegt.

Die Energie-Uhr hilft rasch, den Grund dafür herauszufinden, warum wir uns momentan unwohl oder nicht in unserer Mitte fühlen, und kann Abhilfe schaffen. Sie ist eine unkomplizierte diagnostische und therapeutische Hilfestellung für kurzfristige Energiedefizite oder -überschüsse.

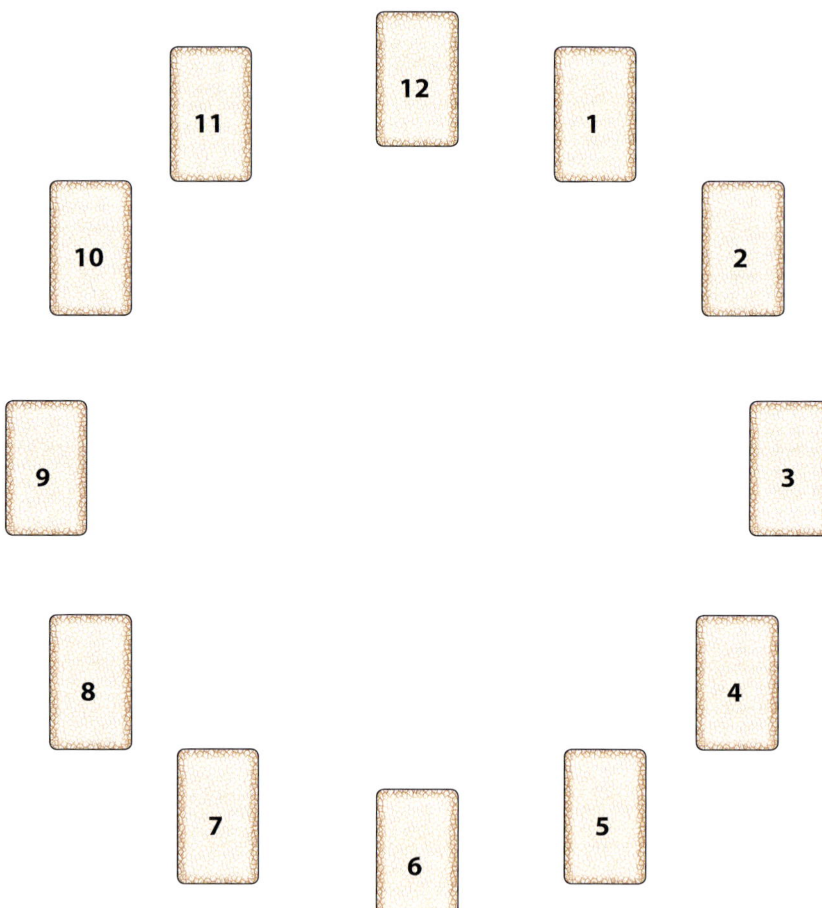

von der Autorin bearbeitetes Legesystem aus unbekannter Quelle

Diagnose

Mischen Sie die kleinen Arkana, ziehen Sie zwölf Karten blind und legen Sie sie in der Uhr-Form verdeckt auf den Tisch. Den Rest der Karten legen Sie beiseite. Drehen Sie nun die Karten auf Position 1 – 12 nacheinander um und lassen Sie sich im Laufe der Zeit überraschen, wie viele Karten von jedem Element sich in der Uhr zeigen. Die Bilder werden nicht einzeln gedeutet! Nur die beiden Achsen 12 – 6 und 9 – 3 geben Hinweise, was im Zenit, also im Scheitelpunkt und was im Nadir, also im Fußpunkt, was links und was rechts liegt. Einen weiteren Hinweis gibt das Verhältnis der männlichen und weiblichen Elementkarten und natürlich die Anzahl der Karten von jedem der vier Elemente selber.

Therapie

Es muss keine 3 – 3 – 3 – 3-Elemente-Mischung sein, damit wir uns wohl fühlen. Deshalb ist die wichtigste Frage: »Was fehlt mir – Feuer, Wasser, Luft oder Erde?« Die Therapie setzt nicht bei dem an, was zu viel ist, da sich ganz von selbst eine neue Mischung ergibt, sobald das Fehlende ergänzt wird. Nun heißt es, sich das fehlende Element in einer Form zuzuführen, die Ihnen gut tut.

Als Anregung hier einige elementare Vorschläge:

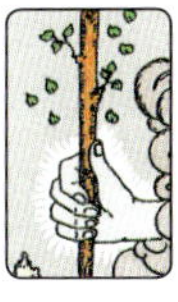

Feuer:

Kerze anzünden, Kaminfeuer entfachen, dem inneren Herzfeuer auf die Spur kommen, Triebe ausleben, scharfen Curry essen, heißen Wickel umlegen, in die Sauna gehen, gebranntes Wasser einreiben, Feuer machen, Sport treiben und in Hitze kommen, Baumstamm umarmen und seine Kraft spüren, wild tanzen, Tigerbalsam einreiben, Feuerlaufen, heißen Tee/Punsch trinken, stürmische Umarmung geben, Sex haben, sich verlieben, Feuer fangen, grillen, zum Fondue einladen, mit roten Farben malen, rote Kleider, rote Schuhe tragen, rote Bettwäsche aufziehen, …

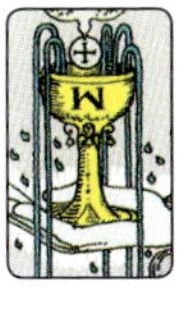

Wasser:

Wasser trinken, Champagner genießen, duschen, baden, schwimmen, Gefühl zulassen, weinen, lachen, an See/Wasserfall/Fluss sitzen, mit Wasserfarben malen, dem Wasser zusehen, in einem Bach stehen, Wasserpflanzen kaufen, mit dem Boot auf den See fahren, kneippen, Hände waschen, im Regen stehen, saftige Frucht essen, Pfützen-springen, blaue Kleider, blaue Schuhe tragen, Eis, Wassermelone, Gurken essen, Herzgefühl erkennen, Streicheln, Erotik spüren und ausstrahlen, eigene Bedürfnisse stillen, eigene Wünsche ernst nehmen, inneres Kind leben, Liebesbriefe lesen, …

Luft:

Kopf auslüften, Kopf entspannen, sich in den Wind stellen, Gedanken, die beschäftigen, wegziehen lassen, Buch lesen, mit jemandem sprechen, Schmetterlinge basteln, singen, jodeln, juchzen, pfeifen, rufen, schreien, Stimme gebrauchen, Kommunikation, Austausch mit andern pflegen, räuchern, Duftöle verdunsten, an Blumen riechen, Parfum auftragen, meditieren, Drachen steigen lassen, Ski fahren, segeln, Gleitschirm fliegen, innerlich und äußerlich reisen, Abenteuerluft schnuppern, Schutzengel rufen, Seifenblasen machen, Löwenzahn ausblasen, Atemübung machen, Kopf an jemanden anlehnen, Kopfmassage, …

Erde:

Töpfern, sich mit Pflanzen beschäftigen, Gartenarbeit, auf den Boden legen und sich tragen lassen, Kartoffeln essen, Körper verwöhnen lassen, Bodenkontakt mit den Füßen spüren, trommeln, Massage genießen, Wurzel bilden mit den Füßen, heilende Hände spüren, Körper ausstreichen, Hefeteig kneten, Tee-Zeremonie machen, Zoo besuchen, kochen, essen, Wurzelgemüse essen, auf den Boden stampfen, ernten, in eine Höhle gehen, im Sandkasten spielen, im Laub liegen und gehen, barfuß gehen, Wiesenhain hinunterrollen, Purzelbaum schlagen, Steinmännli bauen, (Edel)Stein kaufen oder suchen und festhalten, Langlauf, wandern, unter einem Baum träumen, Tennis spielen, rhythmisch tanzen, Rasen mähen, Haus bauen, Lego spielen, Baum umarmen und anlehnen, Blumenstrauß pflücken, braune Kleider, braune Schuhe tragen, Schuhe putzen, …

3. *Arbeiten mit dem Tarot*

Das Zusammenspiel zwischen Lebensfragen und Alltagsthemen

Große und Kleine Arkana

In der Praxis ergänzen sich nun die verschiedenen Ebenen der Karten und ermöglichen ein ganzheitliches Bearbeiten der Themen, die uns beschäftigen.

Die großen Arkana sprengen immer den Rahmen von Raum, Zeit und Thema und verlangen nach einer übergeordneten Sicht. Sie machen aus Alltagsthemen Lebensfragen.

Die vier Elemente der kleinen Arkana sind sozusagen Blicke durch verschiedene Optiken oder Brillen. Wenn ein Ass eines Elements auf dem Tisch liegt, darf diese wunderbare Gabe dankbar angenommen werden. Die Zahlenkarten beleuchten den Alltag klar in Szenen und Situationen aus dem Leben der Menschen. Die Hofkarten spiegeln unsere Rolle und den Grad der Verantwortung oder Freiheit.

Umgekehrte Karten

Es ist nicht notwendig, die Tarotkarten umgekehrt zu deuten, wenn sie verkehrt auf dem Tisch liegen. Dies würde das Modell des Tarot auf schwarz-weiß, negativ-positiv oder gut-schlecht reduzieren. Tarot ist vieldeutig und bietet unzählige Sichtweisen und Deutungsmöglichkeiten an, nicht nur zwei Hauptrichtungen. Deshalb können die Karten, egal wie sie aus dem Set gezogen werden, gut sichtbar hingelegt und bildhaft erforscht werden. Außerdem liegen die Karten ja auf einem definierten Platz, der bereits besagt, ob es sich um eine Warnung, eine Unterstützung oder ein angeratenes Verhalten, eine Zielrichtung oder was auch immer handelt.

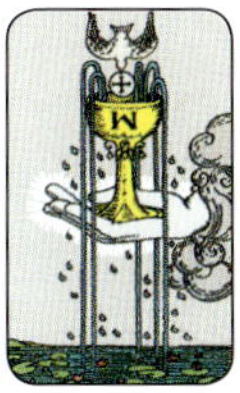

Mischen der Karten

Der Vorgang des Mischens ist eine wunderbare Vorbereitung für uns selber und für die Karten. Die Karten werden symbolisch von all den alten Geschichten, die sie schon erzählt haben, gereinigt und frei für die anstehende Bearbeitung. Während wir im Äußern die Karten mit den Händen mischen, sortieren wir zugleich im Innern das Thema, überlegen uns noch einmal, was wirklich die Absicht der Befragung der Karten ist, was wir von ihnen erhalten wollen. Wunderbar ist es, ein eigenes Ritual des Mischens und Auslegens zu erfinden. Auch hier gibt es kein Richtig und kein Falsch, wichtig ist einzig, was für Sie stimmig ist.

Nur der Zufall

hat alle Möglichkeiten

Offen wählen oder blind ziehen

Beim Arbeiten mit Tarot gibt es die Möglichkeit, eine Karte offen aus allen zu wählen, die zum Thema oder der Fragestellung passt. Bei dieser Bearbeitungsform wird klar selbst mitgesteuert und nicht alles dem Zufall überlassen. Die andere Möglichkeit ist, sich die Karte blind aus dem ganzen Stapel zu ziehen. Bei dieser Variante übernimmt der Zufall das Steuer und bringt Neues und noch Unbekanntes, Unerwartetes zum Vorschein. Beide Varianten sind sinnvoll und eine Kombination ist empfehlenswert. So lässt sich gut steuern, wann und bei welchen Fragen wir mitbestimmen und wo wir dem Zufall alles übergeben, die Kontrolle loslassen.

Der Mensch ist ein Konglomerat aller 78 Karten in einer individuellen Mischung. Wenn der Zufall eine Karte als Impuls bringt, so wird dieser Aspekt betont und aus dem Ganzen heraus beleuchtet. Es wäre eine Überforderung, immer die komplette Sicht aller 78 Karten als die Möglichkeiten eines Menschen analysieren zu müssen. Deshalb gibt der Ausschnitt der Bilder, die dem Menschen in der Arbeit mit Tarot zufallen, genügend Anregung und Impuls.

Frage, Auslegung
und der Weg zur Deutung

Jeder Befragung der Karten liegt eine Absicht zugrunde. Diese Absicht präzisiert sich in der Fragestellung, welche das zu bearbeitende Thema eingrenzt. Je klarer die Frage gestellt wird, desto klarer fällt die Antwort aus. Wer nur einfach einmal neugierig in die Karten schaut, erhält auch einfach eine lapidare Antwort. Die Frage steuert die Antwort, oder in der Frage liegt schon ein Teil der Antwort. Nach der Art der Fragestellung wird das passende Legesystem bestimmt. Dann werden die Karten gemischt, vielleicht in einem Fächer auf den Tisch gelegt oder einfach in die Hand genommen. Es gibt dabei kein Richtig oder Falsch, sondern es ist sinnvoll, diesen Vorgang selber zu gestalten. Der Reihe nach werden die Karten noch verdeckt auf ihre Plätze gelegt. Das Aufdecken geschieht schrittweise in der Reihenfolge des Auslegens als Prozess des Verstehens.

Lassen Sie sich jedes Mal, wenn Sie eine Karte umdrehen, überraschen und erspüren Sie offen, wertfrei und neugierig den ersten eigenen Impuls. Was löst das Bild spontan aus im Herzen, im Bauch und im Kopf? Das ist der Schlüssel zur Deutung. Erforschen Sie dann die Karte, wandern Sie mit den Augen über das Bild und lassen Sie Details, Symbole, Figuren, Farben und schließlich das Ganze auf sich wirken. Vielleicht wählen Sie einen Platz (Ort, Figur, Symbol) in der Karte aus und erkunden von hier aus die Umgebung des Bildes: Wie sieht es aus dieser Position aus, was gibt es zu hören, zu fühlen und zu riechen. Diese unterschiedlichen Impulse werden dann mit dem definierten Platz im Legesystem verbunden und damit mit der Fragestellung. Schenken Sie der Reihe nach allen Karten diese Aufmerksamkeit. Im Prozess des Verstehens ergänzen sie sich zum Gesamtbild, welches am Schluss in einer Zusammenfassung formuliert wird. Dieses Vorgehen ist ein Prozess, erfolgt schrittweise und verhindert, dass voreilige Schlüsse gezogen werden.

Wann ist Tarot sinnvoll *und wann nicht?*

Die Bild- und Symbolsprache ist ein Werkzeug, um aus einer einseitigen Betrachtung in eine erweiterte Auseinandersetzung mit einem Thema zu gelangen. Sie ist ein Mittel, um all die Ahnungen, Ideen und Vermutungen aus der Tiefe des vorbewussten Zustands zu locken und uns in unseren eigenen spontanen Empfindungen zu stärken. Zum Wissen, das wir bereits haben, schenken die Tarotkarten ergänzende Impulse, welche unsere Sicht erweitern. Tarot ist also ein Mittel zur Erweiterung und Bereicherung und Stärkung des inneren Dialogs. Tarot ist für alle Menschen geeignet, die ihre Antworten eigentlich schon wissen, sie aber noch nicht so ganz glauben oder noch nicht formulieren können. Aber auch für Menschen, welche die Antwort bildhaft vor sich sehen müssen, sozusagen greifbar und begreifbar als Beweis, ist Tarot das Richtige. Tarot schützt die eigene Empfindung auch vor allzu gut gemeinten fremden Ratschlägen, die uns oft verunsichern und vom eigenen roten Faden ablenken können. Kurz gesagt: Man bleibt bei sich und dem Thema, setzt sich intensiv damit auseinander, nimmt sich ernst und erweitert die eigene Sicht. So sind die Tarotkarten Begleiter des Menschen.

Nun gibt es aber Phasen im Leben, in denen Tarot kontraproduktiv sein kann. Dies sind Momente, in denen wir in einer tiefen Krise stecken und nicht mehr ein noch aus wissen. Die Flut von Gedanken, Gefühlen und Eindrücken wechselt ständig, kann vom einen auf den anderen Moment ins Gegenteil umkippen und verursacht große Verunsicherung. Sie überrollt uns förmlich. Die Situation zeigt schon an, dass es hier nicht noch Erweiterung und Ergänzung braucht. Hier braucht es nicht Mehrdeutigkeit, sondern die Grenzen eines engen Weges, der Halt gibt. Tarot könnte in diesem Moment zu viel des Guten wollen und noch mehr Impulse zur Fülle dazuliefern und damit die Verunsicherung noch vergrößern. Hier braucht es ganz klar eine fachliche Begleitung. Tarot ist kein Therapieersatz. Tarot ist eine Blumenwiese, aber in der Krise braucht ein Mensch oft nur eine einzige Heilpflanze.

Zehn Übungen

für alle sechs Sinne

Stimmungs- oder Themenkarte

Suchen Sie Ihrer momentanen Stimmung entsprechend eine Karte offen aus, die Ihren Gemütszustand am besten bebildert. Achten Sie darauf, dass Sie nicht den Wunsch, sondern die tatsächliche Situation aussuchen. Oder wählen Sie eine Karte für jetzt und eine zweite für das Wünschenswerte. Falls die Karte einen Titel aufweist, soll dieser sofort abgedeckt werden, damit ein eigener stimmiger Arbeitstitel formuliert werden kann, der heute passt. Nehmen Sie die Karte wahr, steigen Sie in sie ein und erforschen Sie sie. Zur weiteren Klärung der Situation kann das entsprechende Legesystem zur Karte aus diesem Buch angewendet werden.

Bilderbuch

Zum Kennenlernen betrachtet man die Karten wie ein Bilderbuch. Vielleicht sind es die Farben, die ansprechen oder die Formen, die Figuren, das ganze Bild, ein einzelnes unscheinbares Detail, vielleicht sogar der Titel oder die Nummer. Bei den einen Bildern verweilt man länger, bei den andern blättert man einfach weiter, ohne sie genauer zu betrachten. Jedes Bild zeigt sich automatisch so, wie es für den Augenblick stimmt. Machen Sie sich so mit dem Tarot vertraut.

Anziehung/Ablehnung

Interessant ist, sich überraschen zu lassen, welche Karte von allen beim Durchblättern sofort anzieht, ein freudiges Erkennen auslöst, ganz gleich, warum. Genauso wird eine andere Karte ausgewählt, die am meisten abstößt. Dann lohnt es sich, nach dieser Wahl genauer hinzusehen und die Verbindung der beiden Karten zueinander und zur eigenen momentanen Situation zu erkennen und auch das dazwischen Liegende unter die Lupe zu nehmen.

Geschichte erfinden

Drei bis fünf Karten werden offen ausgewählt oder auch blind gezogen. Sie werden dann so lange auf dem Tisch verschoben, bis das Gesamtbild für Auge und Gefühl stimmt. Nun kann frei erfunden eine Geschichte oder ein Märchen entstehen. Vielleicht erinnern Sie sich an ein Lied, ein Gedicht, an eine spezielle Situation, die Sie einmal erlebt haben oder an ein Ereignis, welches jetzt durch diese Karten-Konstellation auftaucht.

Wenn mehrere Personen zusammen sind, macht es viel Spaß, eine gemeinsame Gute-Nacht-Geschichte zu erfinden. Der Kartenstapel liegt verdeckt in der Mitte. Der Reihe nach nimmt jede Person eine Karte und lässt sich durch das Bild anregen, einen Teil der Geschichte zu erzählen. Nach einem bis drei Durchgängen muss die letzte Person mit der letzten Karte den Schlusspunkt der Geschichte setzen.

So geht es mir jetzt

Nehmen Sie zuerst wahr, wie es Ihnen gerade geht. Ziehen Sie dann fünf Karten aus dem ganzen Stapel, schauen Sie aber noch nicht an. Drehen Sie die Karten der Reihe nach auf und geben Sie jeder spontan einen persönlichen Titel. Schreiben Sie diese fünf Titel auf und verbinden Sie den Sinn miteinander zu einer Antwort auf ihre momentane Befindlichkeit.

In die Figur einsteigen

Die gewählte oder gezogene Karte wird nachgespielt, indem die Körperhaltung der Figur auf der Karte exakt imitiert wird. Dann stellt man sich in die Umgebung der Karte und fantasiert sich selber ins Bild hinein. Wenn Sie genau in die Rolle der Kartenfigur schlüpfen, wird es möglich, an die Gefühle, die der Karte zugrunde liegen, heranzukommen. Sie hören, wovon die Kartenfiguren erzählen und sehen mit ihren Augen.

Meditations-Reise

Wählen oder ziehen Sie eine Karte und betrachten Sie sie lange. Hören, fühlen und empfinden Sie nach einer gewissen Zeit mit offenen oder geschlossenen

Augen in die Karte hinein. Was hat die Figur oder die ganze Karte mitzuteilen, was hat sie ganzheitlich anzubieten? Beginnen Sie dann von einem klar gewählten Platz aus eine Reise durch die Kartenlandschaft, gehen Sie auf den Wegen, unterhalten Sie sich mit den Gestalten, stellen Sie Fragen, begegnen Sie Pflanzen, Gebäuden, Tieren und nehmen Sie die Umgebung mit Nase und Ohren wahr. Lassen Sie sich von Ihrer Intuition führen. Legen Sie dann den Rückweg klar fest.

Diskussion

Tun Sie sich zu zweit, dritt oder viert zusammen und wählen oder ziehen Sie jeder eine oder mehrere Karten. Treten Sie aufgrund dieser Karten in eine Diskussion ein. Legen Sie jeder der Reihe nach die eigenen Karten auf den Tisch. Kommen Sie dann miteinander ins Gespräch und beleuchten Sie die Karten aus den verschiedenen Sichtweisen. Achtung: Hier gibt es keine Richtig-Falsch-Argumente, sondern bereichern Sie einander durch unterschiedliche Ansichten.

Konfliktbetrachtung

Bei einer Meinungsverschiedenheit zieht jede Partei eine Themen- und eine Argumentkarte. Die werden mit der nötigen Erklärung dazu auf den Tisch gelegt. Oft kann dank dieser visuellen Hilfe der andere plötzlich besser verstanden werden.

Tageskarte

Ziehen Sie abends eine Karte für den vergangenen Tag und reflektieren Sie darüber, in welcher Weise die Botschaft der Karte zum erlebten Tag passt, wie sie die Energie zeigt und was sie vom Tagesgeschehen ausgewählt hat. Im Rückblick kann einfacher gedeutet und verstanden werden als im Voraus.

Sie können jedoch auch am Morgen eine Karte zum Tag ziehen. Hier empfiehlt es sich jedoch, eine klare Absicht dazu zu formulieren und der Karte eine Aufgabe zu erteilen, sie also beispielsweise als Helferkarte oder Ratschlag, was zu tun ist, zu ziehen.

Ausrechnen
der persönlichen Karten

Persönlichkeits- und Wesenskarte, Abwesenheitskarte

In der Astrologie hat jeder Mensch von seiner Geburtsstunde an sein Sternzeichen und nebst vielem anderen auch einen Aszendenten. Im Tarot ist es ähnlich. Wir haben eine Persönlichkeits- und eine Wesenskarte, die wir auf Grund des Geburtsdatums ausrechnen. Die Persönlichkeitskarte wird auch Lebenskarte genannt. Für die Berechnung verwenden wir nur die 22 Karten der großen Arkana.

Tag, Monat und Jahr der Geburt werden untereinander zusammengezählt, so dass auch zweistellige Zahlen als Resultat möglich sind. Dann erst wird die Quersumme errechnet:

Die drei folgenden Beispiele zeigen die unterschiedlichen Möglichkeiten, die es beim Ausrechnen geben kann:

1

$$\begin{array}{r} 3 \\ 8 \\ \underline{1970} \\ \underline{\underline{1981}} \end{array}$$

1 + 9 + 8 + 1 = 19

Persönlichkeitskarte ist Archetyp 19 die **SONNE**.

Weiterrechnen mit Karte 19:
1 + 9 = 10

Wesenskarte ist Archetyp 10 **RAD des SCHICKSALS**

2

$$\begin{array}{r} 13 \\ 12 \\ \underline{1954} \\ \underline{\underline{1979}} \end{array}$$

1 + 9 + 7 + 9 = 26

Es gibt nur 22 Karten; deshalb wird sofort weiter addiert:
2 + 6 = 8

Da nur eine Zahl übrig bleibt, sind **Persönlichkeits- und Wesenskarte** Archetyp 8 **GERECHTIGKEIT**

3

$$\begin{array}{r} 11 \\ 3 \\ \underline{1979} \\ \underline{\underline{1993}} \end{array}$$

1 + 9 + 9 + 3 = 22

Die 22. Karte ist immer der NARR. Also ist die **Persönlichkeitskarte** der **NARR**.

Dann mit 22 weiterrechnen:
2 + 2 = 4

Wesenskarte ist Archetyp 4 der **HERRSCHER**

Der NARR trägt die Ziffer 0, erhält aber immer die Zahl 22 als letzte Karte der 22 Archetypen der großen Arkana.

Jedem Menschen sind immer zwei Karten zugeordnet, üblicher Weise eine aus dem Nacht- und eine aus dem Tagesbogen.

Bei den Beispielen **1** und **3** errechnen sich die Wesenskarten direkt aus den Persönlichkeitskarten.

Bei Beispiel **2** jedoch liegt die Persönlichkeitskarte im Tagesbogen und deshalb ist die Nachtkarte »abwesend«, muss also gesucht werden, aktiviert. Die 8 ist die Quersumme aus 17 (weil 1+7=8). Also ist Karte 17 (der STERN) die Abwesenheitskarte im zweiten Beispiel.

Der Einfachheit halber sind hier alle möglichen Abwesenheitskarten als Liste zum Nachschauen aufgeführt:

Persönlichkeits- und Wesenskarte	**Abwesenheitskarte**
 2 Die HOHEPRIESTERIN	 11 KRAFT
 3 Die HERRSCHERIN	 12 Der GEHÄNGTE
 4 Der HERRSCHER	 13 TOD
 5 Der HIEROPHANT	 14 MÄSSIGKEIT

Persönlichkeits- und Wesenskarte

6 Die LIEBENDEN

7 Der WAGEN

8 GERECHTIGKEIT

9 Der EREMIT

Abwesenheitskarte

15 Der TEUFEL

16 Der TURM

17 Der STERN

18 Der MOND

Abwesenheitskarten sind immer Karten aus dem Nachtbogen.

Jahreskarte

Jedes Jahr wird die Jahreskarte ausgerechnet, die uns Menschen mit einer Aufgabe, einer Lehre, einer Bereicherung, einer Herausforderung, einer Reifeprüfung oder einem Geschenk durchs Jahr begleitet. Ausgerechnet wird die Jahreskarte praktisch genau so wie die Persönlichkeits- und Wesenskarte, jedoch mit dem laufenden Kalender- statt mit dem Geburtsjahr.

Drei Beispiele:

1

$$\begin{array}{r} 3 \\ +\ 8 \\ +\ 2018 \\ \hline =\ 2029 \\ \hline\hline \end{array}$$

2 + 0 + 2 + 9 = 13
Jahreskarte ist
Archetyp 13
TOD

2

$$\begin{array}{r} 13 \\ +\ 12 \\ +\ 2019 \\ \hline =\ 2044 \\ \hline\hline \end{array}$$

2 + 0 + 4 + 4 = 10
Jahreskarte ist
Archetyp 10
RAD des
SCHICKSALS

3

$$\begin{array}{r} 28 \\ +\ 6 \\ +\ 2020 \\ \hline =\ 2054 \\ \hline\hline \end{array}$$

2 + 0 + 5 + 4 = 11
Jahreskarte ist
Archetyp 11
KRAFT

Es gibt immer nur eine Jahreskarte, egal ob es sich um eine ein- oder zweistellige Zahl handelt, die ausgerechnet wird.

Die Wirkung

der persönlichen Karten

Die **Persönlichkeitskarte** ist wie Dach und Außenmauern eines Hauses. Die großen Möglichkeiten des Lebens, die persönlichen Anlagen sind darin erkenn- oder zumindest erahnbar. Das Haus hat seine festen Konturen, ist zum Bewohnen bereit.

Die **Wesenskarte** ist wie die Innenarchitektur des Hauses. Sie gestaltet sich im Laufe des Lebens mehr und mehr in dieses Haus hinein. Es sind die Zimmer, die im Laufe des Lebens bewohnt werden. Das eigene Wesen füllt allmählich das Haus.

Die **Abwesenheitskarte** ist der eher unbewohnte Teil des Hauses, der eingeladen werden muss, damit auch er anwesend ist. Im Dunkel des Kellers, im Schatten des Dachbodens liegen die unerkannten Vorräte, welche nicht alltäglich sichtbar sind und deshalb oft vernachlässigt werden. Und weil man nicht so gerne in den Keller steigt, vergisst man diese Teile der Persönlichkeit oft und lässt sie im Schatten der eigenen Wahrnehmung.

Die **Jahreskarte** begleitet den Menschen thematisch ein Jahr lang. Sie ist Orientierung, Herausforderung, Förderung, Geschenk, Entlastung und Lernprozess in einem. Die Arbeit mit dieser Karte konzentriert sich auf eine Lebensthematik im Prozess des Jahreslaufs und erleichtert den Blick aus dieser Perspektive aufs Ganze, das Verständnis für das Leben. So werden Aufgaben klarer und Zusammenhänge bewusst. Die Jahreskarte wirkt zeitlich wie der Kreislauf der Natur, egal wann jemand geboren wurde. In der Astrologie richtet sich die Zeitrechnung nach dem Geburtspunkt; immer dann beginnt ein neues Jahr. Hingegen wird im Modell der Tarot-Jahreskarten die Natur als gegeben und der Mensch als in sie eingebettet betrachtet, als Teil der Natur. Er wird also von den wechselnden Jahreszeiten beeinflusst. Deshalb bietet das folgende Modell Orientierung über das Stadium der Jahresenergie und Jahresthematik.

Die Jahreskarten

im Spannungsbogen der vier Jahreszeiten

Die organische Entwicklung unserer Jahresthematik

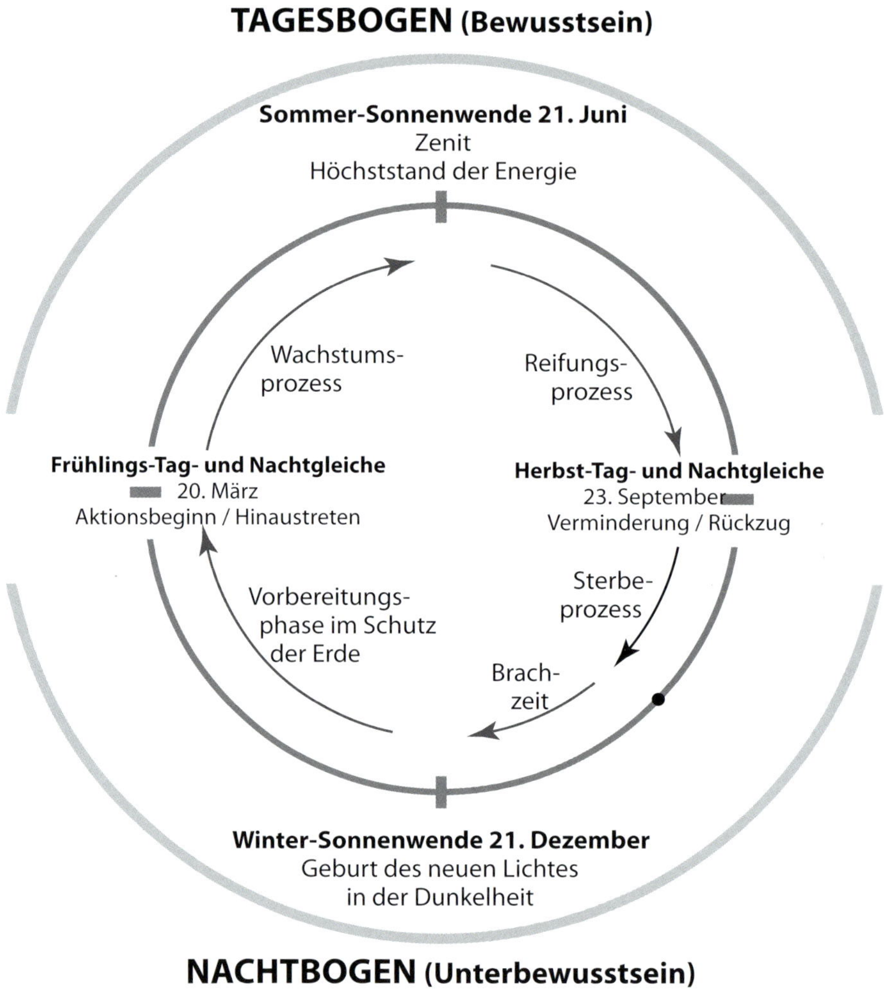

Wintersonnenwende

Das neue Licht erwacht in der größten Dunkelheit, so wie es auch unsere christliche Weihnachtsgeschichte erzählt. Auch die neue Jahreskarte erhält in dieser Zeit den ersten Lichtstrahl noch tief im Innern des Erkennens. Das Thema ist noch nicht bewusst, sondern es beginnt sich im Innern des Menschen zu regen wie ein Same, der tief im Schutz der Erde steckt. In dieser Phase erahnen wir das Thema eher als dass wir es wissen; es kann uns aber durchaus schon mit einer Aktion, mit einer Situation überraschen, dann aber wieder in Schlummer zurückfallen. Nun beginnt die Vorbereitungsphase noch im Schutz der Erde.

Frühlings-Tag- und Nachtgleiche

Im Frühling tritt die Jahreskarte aus dem Nachtbogen heraus und zeigt sich erstmals deutlich. Ihre Thematik tritt nun ans Tageslicht unseres Bewusstseins, so wie Krokusse durch die noch winterharte Erde ans Sonnenlicht stoßen. In der kommenden Wachstumsphase gelten die Gesetze des Zunehmens an Kraft, an Bewusstheit, an Manifestation im Sinne von *mehr-mehr-mehr*, *größer-größer-größer* und *schnell* ans Licht.

Sommersonnenwende

Nun ist unsere Thematik am höchsten Punkt des Bewusstseins angelangt. Hier wissen wir, worum es geht. Wir kennen die Jahresaufgabe. Aber wir wissen noch nicht, was wir damit genau tun sollen. An diesem Punkt brauchen wir nicht noch mehr zu wissen, sondern jetzt muss das Thema reifen. Am Punkt der Sommersonnenwende nimmt Wachstum ab und Reife zu, so wie es uns die Natur zeigt. Die Sonnenkraft nimmt ab, der Sommer wird reif. Das Korn ist hoch, aber noch grün. Es darf nicht noch mehr wachsen, sondern muss jetzt reif werden. Der Reifungsprozess setzt ein.

Herbst-Tag- und Nachtgleiche

An dem Punkt, an dem der Tages- dem Nachtbogen gleichwertig gegenübersteht, Denken und Fühlen sich die Hand geben, können wir ernten. Jetzt setzt die Erntezeit ein, und es soll uns bewusst werden, was die Jahreskarte uns gebracht hat. Diese Ernte gilt es nun einzubringen und zu feiern. Bis zum 1. November (Allerheiligen) wird sich unsere Jahreskarte zurückziehen und im gleichen Maß haben wir den Gewinn aus ihr sozusagen für die Brachzeit des Winters in die Vorratskammer unseres Menschseins eingelagert. Im Winter scheint die Natur zu sterben und die Menschen halten sich in der Adventszeit das Herz mit Kerzen warm. So geht der Kreislauf weiter, Jahr für Jahr.

Legesysteme zu allen vier Jahreszeiten finden Sie ab Seite 246.

Einfache Auslegungen

Polaritäts-Legesysteme

Das Prinzip ist immer gleich und sehr einfach. In der Mitte liegt eine Karte, die das Thema zeigt, links davon eine unterstützende (+) und rechts davon eine verhindernde (-) Energie.

Modell

Zeitachsen-Legesysteme

Eigentlich geht es in diesen Legesystemen um die Gegenwart, die aus einer Vergangenheit heraus entsteht und auf eine Zukunft hinsteuert. Diese drei Zeiten können ganz unterschiedlich beleuchtet werden.

Kombinationen von Polaritäts- und Zeitachsen-Legesystemen

Die Zeitachse kann mit der Polarität als neue Auslegung mit 5 Karten nach Bedarf beliebig kombiniert werden. Die mittlere Karte steht für das Thema beider Auslegungen.

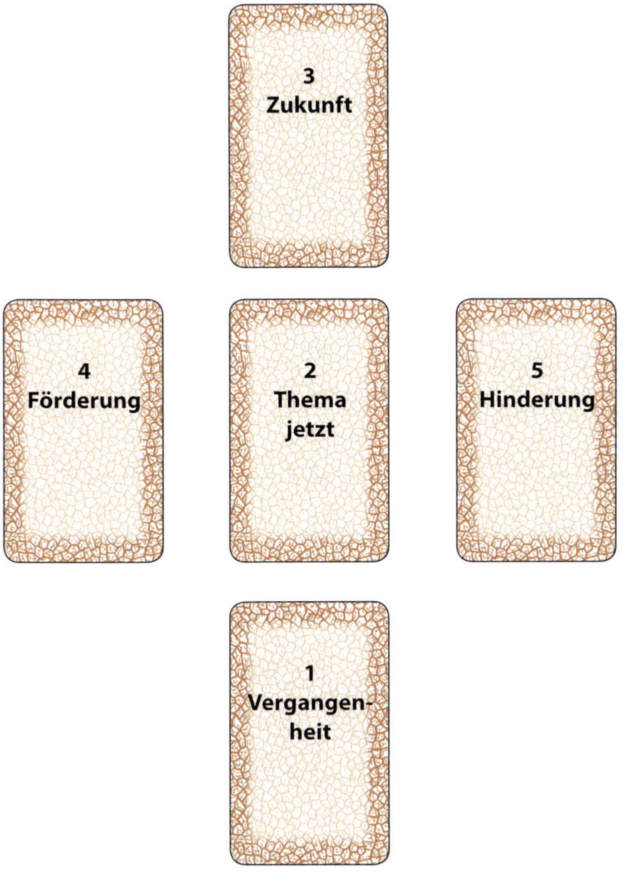

Hilfreiche Legesysteme

für alle Lebenslagen

Einige dieser Bearbeitungsmuster habe ich aus psychologischen Modellen entwickelt, andere haben sich aus der Praxis ergeben und sind in der Arbeit mit meinen Kursteilnehmerinnen und Kursteilnehmern entstanden.
Es gäbe noch so viele …

Vom Thema über den Weg zum Ziel – Leitfaden

1 Was genau ist jetzt mein wichtigstes Thema? Beschreiben Sie es kurz.
2 Welche Tarotkarte bebildert das beschriebene Thema am besten? Suchen Sie dazu offen eine passende Karte aus dem ganzen Stapel heraus.
3 Welcher Zielzustand schwebt mir vor? Wählen Sie auch dazu eine Karte offen aus, die das erwünschte Ziel, den Zielzustand, bebildert.
4 Mischen Sie nun die Karten und ziehen Sie eine Karte, die den zu begehenden Weg aufzeigt. Legen Sie diese dazwischen. Es ist auch möglich, hier zwei Schritte, also zwei Karten (4a/4b), zu ziehen, die den gangbaren Weg anbieten.

1 Mein Thema: ______________________________

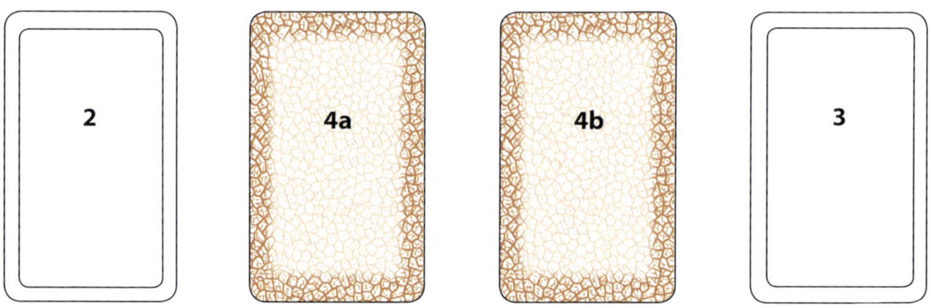

Diese Bearbeitungsform eignet sich gut für diffuse Gefühle, die man nicht einordnen kann, auch Angstzustände. Aber sie eignet sich genauso gut für andere Thematiken, bei denen das Ziel oder der Wunsch nach dem Ziel mehr oder weniger klar ist, der Weg jedoch noch nicht.

Die drei Stimmen meiner Ratgeber

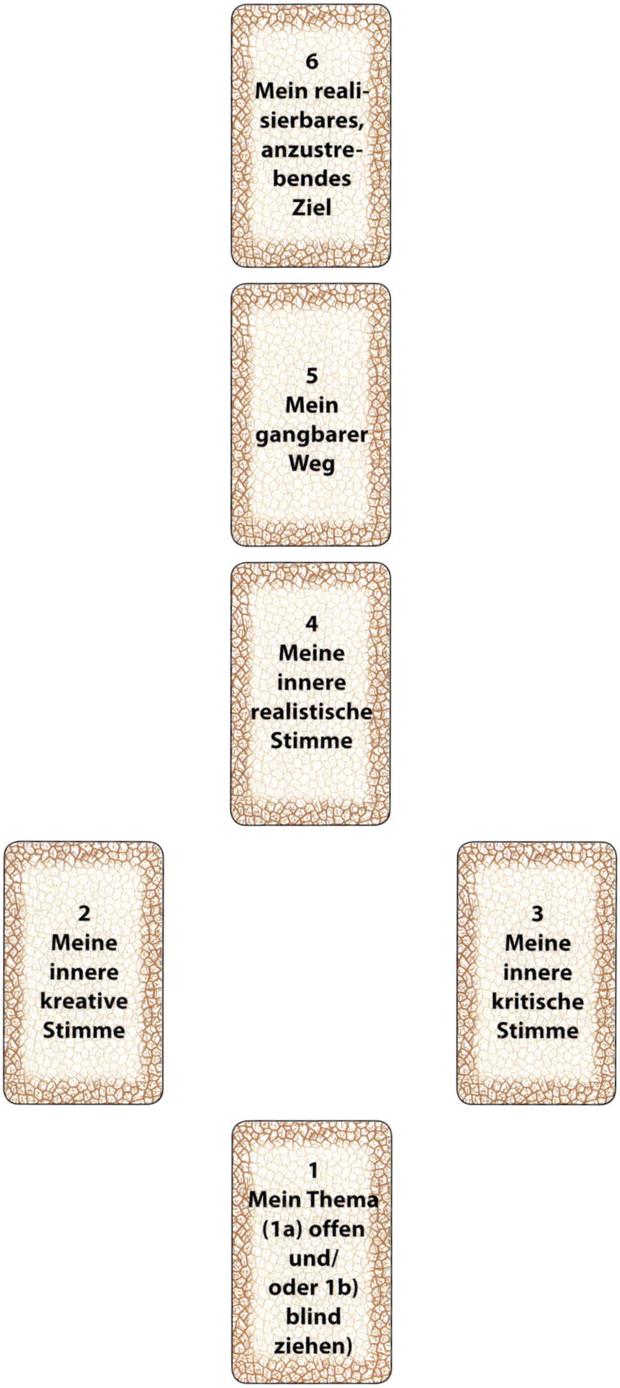

Entscheidung in einer Patt-Situation oder vom Entweder-Oder zur Wahl

1
Das ist meine JA-Entscheidung.

3
Das ist die dritte Möglichkeit, die ich noch nicht gesehen habe.

2
Das ist meine NEIN-Entscheidung.

Entscheidungsgrundlage bei zwei gleichwertigen Varianten

Variante A

2
Wenn ich mich für A entscheide, stehe ich in dieser Situation.

3
So wird es sich mit A entwickeln. Das kommt auf mich zu.

1
Das ist meine Ausgangslage vor der Entscheidung.

6
Egal wie ich mich entscheide, das ist auf jeden Fall wichtig.

Variante B

4
Wenn ich mich für B entscheide, stehe ich in dieser Situation.

5
So wird es sich mit B entwickeln. Das kommt auf mich zu.

Meine Kompetenzen und Ressourcen

Beziehungsproblematik klären

Botschaft einer Krankheit

Im Spannungsbogen der 4 Jahreszeiten –

4 Legesysteme

Frühjahrs- Tag- und Nachtgleiche

Sommersonnenwende

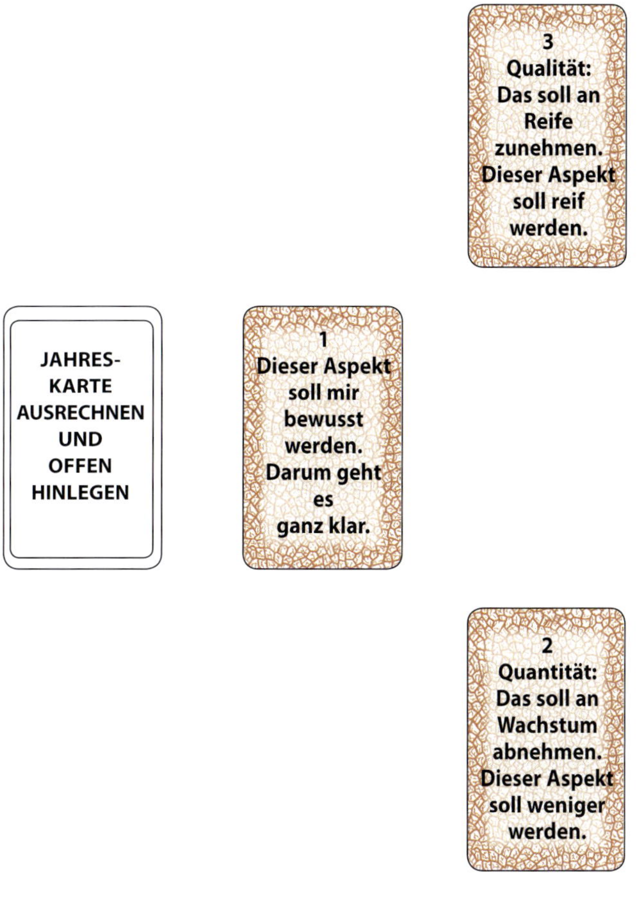

Herbst- Tag- und Nachtgleiche

3
Das ist mein Erntedankfest.
So würdige ich meinen Erfolg, damit ich ihn nicht vergesse.

JAHRESKARTE AUSRECHNEN UND OFFEN HINLEGEN

1
Das ist die Ernte aus meiner Jahresthematik. Das ist der Lohn meiner Bemühungen.

2
So soll ich die Ernte einsetzen, für mich nutzbar machen.
Das bringt mir die Ernte.

Wintersonnenwende

OFFEN:

Alte Jahreskarte

OFFEN:

Neue Jahreskarte

3
Willkommen

Ich ahne, dass das auf mich zukommen wird, öffne dafür die Tür.

2
Brachzeit

So regeneriere ich und bereite mich auf das neue Licht vor.

1
Abschied

Das darf ich mit gutem Gewissen loslassen.

Die Wechseljahre -

der Übergang in die reifen Jahre

2
Karte offen aus den kleinen Arkana wählen: Das spukt hinein, wechselt meine Stimmung, passiert mir neu, überrascht mich unvorbereitet.

4
AKTIV
Das ist gut zu tun. Das soll ich machen. Das soll ich bewusst umsetzen.

(1 + 2 sind Befindlichkeitskarten)

3
durch die Wechselbäder zwischen 1 + 2 ergibt sich diese Einschränkung. Das schränkt mich ein; so wirkt es auf mich.

(Mit 4 + 5 soll ich in dieser Zeit des Überganges gut für mich sorgen.)

1
Karte offen aus den großen Arkana wählen: Das bin ich; das weiß ich; so steh ich im Leben; das habe ich mir bis jetzt erarbeitet; mein Grundton; mein ICH

5
PASSIV
Das kann ich loslassen, einfach so, ohne schlechtes Gewissen.

Familiensystemische Arbeit
mit den Persönlichkeitskarten

»OHNE WURZELN KEINE FLÜGEL«*

Diese Arbeit soll keine Handlungsanleitung zur Folge haben, sondern nur Klärung bringen. Tiefes Verstehen wirkt heilend!

1. Formulieren Sie Ihre Absicht / Ihre Frage: (Was genau will ich in meiner Familie verstehen?)

2. Welches Familiensystem lege ich?
   – Ursprungsfamilie
   – Gegenwärtige Familie

3. Legen Sie die verschiedenen Persönlichkeitskarten (keine Wesenskarten) in der Anordnung, die spontan stimmig ist.
   Beachten Sie:
   – Nur die Karten der Familie sind auf dem Tisch.
   – Bei doppelten Karten, Karten aus verschiedenen Decks benützen.
   – Falls das Geburtsdatum nicht feststellbar ist, wird die Persönlichkeitskarte aus den großen Arkana in tiefer Verbindung und mit Respekt für das betreffende Familienmitglied gezogen.
   – Welche Person gehört zur Familie, ohne direkt verwandt zu sein?

4. Kleine Meditation: Ich erkenne, was ist, sage es bewusst, langsam und laut:
   Z. B. Ich bin die Sonne und du, meine Mutter bist …
   Ich bin die Sonne und du, mein Vater bist …
   Ich bin die Sonne und du, meine Schwester, bist …
   Ich bin die Sonne und du, mein Bruder bist …
   und Ihr meine Eltern seid … und Ihr meine Geschwister …

Etc. bis ich all die Beziehungen in Bildern sehe.
Die Unterschiede werden bildlich klar – keine Deutung – nur verstehen!

* Überschrift zitiert von Bertold Ulsamer

5. Geben Sie jeder Person eine Stimme, die für das Bild und den Platz stimmt:

Z. B. Ich selbst:	Ich fühle mich …
Mutter:	Ich fühle mich …
Vater:	Ich fühle mich …
Schwester:	Ich fühle mich …
Bruder:	Ich fühle mich …

6. Wer braucht was, um sich wohl zu fühlen?
   – Verändern Sie vorsichtig die Plätze und sprechen Sie einen neuen Satz:
   Ich fühle mich …

7. Wie geht es dir jetzt? Was hast du neu verstanden?
   Was hat sich für dich geklärt im Hinblick auf deine anfängliche Absicht/Frage?

8. Gestalten Sie sorgfältig einen Abschluss.

Es ist gut, wenn Sie diese Arbeit mit jemandem machen, der die Regeln hütet und durch den Prozess begleitet.

Was es am Schluss *noch zu sagen gibt*

In 78 Bildern spiegelt sich das Leben. Durch 78 Fenster schaut uns die Welt in Gestalt der Karten in die Augen. Diese Welt der Symbole und Bilder tritt mit uns in Kontakt, nimmt den Dialog mit unserer inneren Stimme auf, vom ersten Moment an, wenn wir die Karte in den Händen halten – oder sogar schon vorher? Ruft vielleicht gerade diese Karte, dass wir sie ergreifen sollen, damit sie uns ergreifen kann mit ihren Anregungen über alle Sinne und den Geist?

Tarot ist ein umfassendes Lebensmodell, konzentriert in den uns nun bekannten Essenzen der 22 archetypischen Überthemen, die bis zum Anbeginn der Welt zurückreichen und den Sinnbildern der vier Elemente. Feuer, Wasser, Luft und Erde begegnen uns in der einzigartigen Reinheit der Asse, in 36 bunten Alltagszenen, die uns an so vieles erinnern und in 16 Rollen, die uns im Laufe des Lebens alle berühren.

Um den Tarot umfassend anzuwenden, müssten wir immer alle 78 Karten auslegen, weil wir ALLES sind, alles gleichzeitig in immer neuer Mischung und Gewichtung. Würden wir jedoch alle Karten miteinander betrachten, kämen wir sehr schnell in die Situation, wo uns alles zu viel ist, wo wir keinen Überblick mehr haben und die Ereignisse und Themen nicht mehr sortieren können. Wir sind mit der Menge an Informationen, Gefühlen und Eindrücken restlos überfordert. Aber auch uns selbst in Teilen anzuschauen ist schwierig: Welchen Teil sollen wir uns denn vornehmen? Es gibt ja so viele! Schließlich können wir uns nicht selber auseinander nehmen! Was wir aber können, ist zum Modell Tarot mit seinen 78 Einzelteilen zu greifen. So können wir Einzelnes anschauen, oder uns eine Auswahl bestellen, die uns gut ansteht und uns neue Impulse für den nächsten Schritt gibt. Mehr ist gar nicht notwendig; denn sobald wir den nächsten Schritt vor uns sehen, sind wir bereits wieder auf dem Weg. Die Strategie der kleinen Schritte bringt Erfolg: Tun Sie jedes Mal nur einen Schritt. Einzig das Legesystem SCHLÜSSEL – GROSSE STANDORTBESTIMMUNG (siehe Seite 96) bringt alle 22 Karten der großen Arkana auf den Tisch und vermittelt uns einen Eindruck von unserer Mischung, die zur Ganzheit führt.

Die Bild- und Symbolsprache des Tarot ist absolut anwenderfreundlich und stets bereit zum Dialog mit uns. Was besonders wichtig ist: Die Stimme des Bauches, unsere intuitive Seite, wird damit auch zur Konferenz über unsere Themen eingeladen. Über das Medium des Bildes kommen Verstand und Gefühl miteinander in Dialog. Wir alle wissen viel mehr als wir glauben. Die Tarotkarten helfen uns, den Zugang zu diesem Wissen zu finden und an dieses Wissen zu glauben.◣

Ideen säen

Alles, was ich in diesem Buch geschrieben habe, ist weder richtig noch falsch. Es ist mein Angebot im Sinne vieler Samen, mit denen ich ganz viele neue Ideen säen möchte. Es ist eine Basis, von der aus eigene Muster gewoben und eigene Formen gefunden werden können. Alles soll anregen und beflügeln, zu eigenen Höhenflügen ansetzen. Jeder Karte können Sie jedes Mal einen anderen stimmigen Titel verpassen. Auch die Legesysteme zu allen Karten sind immer nur eine Möglichkeit, und es ist wunderbar wenn dieses Angebot Sie zum eigenen Arbeiten mit den Tarotkarten anregt. Die Bildsprache ist nie richtig oder falsch; sie kann immer nur stimmig sein und ist deshalb nur im DIALOG zu erfahren, im DIALOG mit uns selber, und der kann jeden Tag eine andere Dynamik zeigen.

Von Herzen wünsche ich allen Leserinnen und Lesern einen reichen Dialog mit sich selber, die Lust das Spiel des Lebens ernst zu nehmen, den Mut, dem Leben in die Karten zu schauen und zu erkennen, zu lernen, zu erfinden, sich zu bestätigen und vor allem sich zu stärken. Jeder Schritt bringt Erfolg!

Mit Dank und herzlichem Gruß
Lilo Schwarz

Seminarangebote für
Unermüdliche

IM DIALOG MIT SICH SELBST

liloschwarzseminare

Aktuelle Daten sind im Internet publiziert www.liloschwarz-seminare.ch

TAROTKOMPETENZ BASIS
- EinBlick in die Tarot – Bild – Sprache
- Schritt für Schritt die Tarot – Bild – Sprache verstehen und anwenden

AUS-/WEITERBILDUNG BERATUNGSKOMPETENZ (Module einzeln buchbar)
1 Bildsprache – Instrument der Beratung
2 Im Bogen der professionellen Beratung
3 Beratung aus systemischer Sicht
4 Fragen und Komplexität in der Beratung
5 Emotionen und Grenzen in der Beratung
6 Zertifizierung – Die Krönung der Beratung

HIGHLIGHT – KULTUR (nicht nur den Tarotgarten von Niki de Saint Phalle!)
Kunstreise in die Skulpturengärten der Toscana
Wir reisen bequem im Car. Sympathische Hotels, gar einmal ein Schloss, beherbergen uns. Die Künstler, ausser Niki de Saint Phalle und Daniel Spoerri, heissen uns persönlich willkommen und begleiten uns auf dem Rundgang durch ihr Gärten. Diese Kunstreise erleben wir genauso gemeinsam wie individuell!
Noch viel mehr gäbe es zu erzählen über Menschen, Kunst, Natur, Genuss und Sein.

Gratis-App von Lilo Schwarz: bildhaft mit Tarot Tarot

Lilo Schwarz
Dipl. Arbeitspsychologin FH / Coach
Löwenstrasse 6
CH-6004 Luzern

++41 41 410 43 82
liloschwarz-coaching@bluewin.ch
www.liloschwarz-seminare.ch
www.liloschwarz-coaching.ch

Anhang

Ich rechne meine Persönlichkeitskarte aus:

Geburts-Tag	_ _
Geburts-Monat	_ _
Geburts-Jahr	_ _ _ _
Summe	_ _ _ _

Quersumme ausrechnen _ + _ + _ + _ = __

Wenn __ einstellig:	Wenn __ zweistellig bis max. 22:	Wenn __ zweistellig ab 23: Quersumme ausrechnen _ + _ = __

Nachschauen, welche Karte der großen Arkana diese Nummer trägt. Achtung: Karte 8 und 11 sind vertauscht und der Narr ist die 22. Karte!

Das ist meine Persönlichkeitskarte:

Die **Persönlichkeitskarte** ist wie Dach und Außenmauern eines Hauses. Die großen Möglichkeiten des Lebens, die persönlichen Anlagen sind darin erkenn- oder zumindest erahnbar. Das Haus hat seine festen Konturen, ist zum Bewohnen bereit.

Was erkenne ich? ______________________________

____

____

Was befremdet mich? ______________________________

____

____

Was freut mich? ______________________________

____

____

Was erschreckt mich? ______________________________

____

____

Wer bin ich in diesem Spiegel? ______________________________

____

____

Ich rechne entweder meine Wesenskarte oder meine Abwesenheitskarte aus:

Ich übernehme die Zahl der **Persönlichkeitskarte**.

Wenn __ zweistellig
bis max. 22:

Quersumme berechnen.
_ + _ = __

Meine Wesenskarte:

Nachschauen, welche Karte der großen Arkana diese Nummer trägt. Achtung: Karte 8 und 11 sind vertauscht und der Narr ist die 22. Karte!

Ich übernehme die Zahl der **Persönlichkeitskarte**.

Wenn __ einstellig:

Wenn __ zweistellig
ab 23:
Quersumme rechnen.
_ + _ = __

Meine Abwesenheitskarte:

Siehe auf Seite 232/233 welche Karte abwesend ist.

Die **Wesenskarte** ist wie die Innenarchitektur des Hauses. Sie gestaltet sich im Laufe des Lebens mehr und mehr in dieses Haus hinein. Es sind die Zimmer, die im Laufe des Lebens bewohnt werden. Das eigene Wesen füllt allmählich das Haus.

Wie wirkt mein Wesen auf mich? ______________________________

____

____

Wie belebt mich mein Wesen? ______________________________

____

____

Wie zeigt sich mein Wesen den andern? _________________________

____

____

Die **Abwesenheitskarte** ist der eher unbewohnte Teil des Hauses, der eingeladen werden muss, damit auch er anwesend ist. Im Dunkel des Kellers, im Schatten des Dachbodens liegen die unerkannten Vorräte, welche nicht alltäglich sichtbar sind und deshalb oft vernachlässigt werden.

Was ist abwesend? ______________________________

____

____

Was schlummert noch in mir? ______________________________

____

____

Was soll ich anerkennen? ________________________________

____

____

Ich rechne meine Jahreskarte aus:

Geburts-Tag _ _
Geburts-Monat _ _
Aktuelles Kalenderjahr _ _ _ _

Summe _ _ _ _

Quersumme ausrechnen _ + _ + _ + _ = __

Wenn __ einstellig:

Wenn __ zweistellig bis max. 22:

Wenn __ zweistellig ab 23: Quersumme ausrechnen _ + _ = __

Nachschauen, welche Karte der großen Arkana diese Nummer trägt. Achtung: Karte 8 und 11 sind vertauscht und der Narr ist die 22. Karte!

Das ist meine Jahreskarte:

Die **Jahreskarte** begleitet den Menschen thematisch ein Jahr lang. Sie ist Orientierung, Herausforderung, Förderung, Geschenk, Entlastung und Lernprozess in einem. Siehe Spannungsbogen der Jahreszeiten auf Seite 246.

Wie zeigt sich mein Jahresthema: ______________________________

____

____

Was weiss ich bereits? ______________________________

____

____

Was ahne ich erst? ______________________________

____

____

Welche Aufgabe habe ich? ______________________________

____

____

Welche Chance zeigt sich mir? ______________________________

____

____

Ich erfinde mein eigenes Legesystem mit 5 Karten:

Ich taufe es: ____

Meine Frage: ____

____

____

Die Antworten: ____

____

____

Ich erfinde mein eigenes Legesystem mit 7 Karten:

Ich taufe es: ______________________________

Meine Frage: ______________________________

____

____

Die Antworten: ______________________________

____

____

Ich erfinde mein eigenes Legesystem mit _ _ Karten:

Ich taufe es: ______________________________

Meine Frage: ______________________________

____

____

Die Antworten: ______________________________

____

____